키다리 아저씨

세계교양전집 43

키다리 아저씨

진 웹스터 지음

박영민 옮김

올리버

진 웹스터 Jean Webster

· 차례 ·

우울한 수요일

매달 첫 번째 수요일은 '완벽하게 끔찍한 날'입니다. 두려워하며 기다려야 하는 날이자 용기를 내어 견뎌내야 하는 날, 그리고 서둘러 잊어버려야 하는 날이었습니다. 모든 바닥은 흠 없이 청소되어 있어야 하고, 모든 의자는 먼지가 하나도 없어야 하며, 모든 침대는 주름이 없어야 했습니다. 97명의 꿈틀거리는 어린 고아들은 새롭게 풀을 먹인 깅엄(체크무늬 면직물) 옷을 입기 위해 씻기고 빗질하며 단추를 채워야 했습니다. 그리고 97명의 아이들은 예의범절을 다시 한 번 되새겨야 하고, 신탁 위원이 말씀하실 때마다 "예, 선생님", "아니요, 선생님"이라고 대답할 수 있도록 교육을 받아야 했습니다.

정말로 괴로운 시간이었습니다. 고아원에서 가장 나이 많은 제루샤 애벗은 그 모든 고통을 감수해야만 했습니다. 그러나 이 특정한 첫 번째 수요일도 이전의 수요일들과 마찬가지로 마침내 끝을 향해 가고 있었습니다. 제루샤는 고아원 손님들을 위해 샌드위치를 만들고 있던 식료품 저장실에서 벗어나, 항상 하던 일을 하기 위해 계단을 이용하여 위층으로 올라갔습니다. 제루샤가 특별히 관리하는 곳은 F실로, 그곳에는 4살~7살까지의 11명의 작은 아이들이 사용하는 침대 11개가 줄지어 놓여 있었습니다. 제루샤는 맡은 11명의 아이들을 모아서, 구겨진 드레스를 바로잡아 주고, 그들의 코를 닦아준 후, 질서 정연하게 줄을 세워서 반가운 빵과 우유, 자두 푸딩과 함께 축복받은 30분을 보내기 위해 식당으로 향했습니다.

그리고 제루샤는 창가에 앉아 차가운 유리창에 욱신거리는 관자놀이를 부비고 잠시 휴식을 취했습니다. 그날 아침 5시부터 발을 동동 굴려가며, 사람들의 요구를 들어주며, 신경과민인 원장님이 내내 꾸중과 급하게 서두르는 지시에 시달려야 했기 때문입니다. 립펫 원장님은 신탁 위원들 그리고 방문 위원들과 마주할 때에는 차분하고 위엄 있는 품위를 항상 유지했지만, 평소의 그녀가 항상 하는 행동과는 거리가 멀었습니다. 제루샤는 고아원의 경계를 나타내는 높은 철 울타리를 넘어, 넓게 펼쳐진 얼어붙은 잔디와 구불구불한 능선을 따라 여기저기 흩어져 있는 시골 저택들을 지나 벌거벗은 나무들의 가운데 솟아있는 마을의 첨탑을 바라보았습니다.

제루샤가 아는 한, 우울한 수요일의 하루는 꽤 성공적으로 끝났습니다. 신탁 위원들과 방문 위원들은 순회 조사를 마치고, 보고서를 읽고, 차를 마신 후 이제 각자의 따뜻한 가정으로 서둘러 돌아가고 있는 중이었습니다. 다음 달까지 그들의 성가신 고아원 아이들에 대한 작은 책임을 잊기 위해서 서두르고 있는 것입니다. 제루샤는 호기심과 약간의 애틋함을 느끼며, 고아원 정문을 나서는 마차와 자동차의 행렬을 지켜보기 위해 몸을 앞으로 기울였습니다. 제루샤는 상상 속에서 먼저 한 대의 마차에 타고, 다음에는 다른 마차를 따라 언덕을 따라 늘어서 있는 큰 집들로 이어져 있는 모습을 그렸습니다. 그녀는 틸 코트와 깃털이 장식된 벨벳 모자를 쓰고, 좌석에 기대어 태연히 운전사에게 "집으로."라고 중얼거리는 자신을 상상했습니다. 그러나 집 문턱 앞에 이르러서는 상상하는 모습이 흐릿해졌습니다.

제루샤는 상상력이 풍부한 아이였습니다. 립펫 원장님이 그녀에게 말하길, 상상력에 주의하지 않으면 곤란하게 될 수도 있을 것이라고 했습니다. 그러나 그 상상력이 아무리 풍부해도 제루샤가 들어갈 집의 문턱 앞을 넘어서는 것은 불가능했습니다. 가난하고 열정적이며 모험심이 가득한 제루샤는 17년의 삶을 사는 동안 결코 평범한 집 안에 들어가 본 적이 없었기 때문입니다. 그렇기 때문에 제루샤는 고아들로 인해 방해받지 않고 살아가는 다른 평범한 사람들의 일상적인 삶을 상상할 수 없었습니다.

제-루-샤 애-벗

원장-실로

빠-알-리

오-느-은-게

좋을-거야!

합창단원인 토미 딜런이 노래를 부르며 계단을 오르고 복도를 지나오고 있었습니다. 그의 노래는 F실에 가까워질수록 더욱 커져갔습니다. 제루샤는 창문에서 몸을 돌려 고통스러운 삶의 현실로 다시 돌아오게 되었습니다.

"나를 찾는 게 누구야?"제루샤는 토미의 노래를 끊으며 아주 불안한 목소리로 말했습니다.

원장실에 있는 립펫 원장님이,

매우 화가 난 것 같아.

아-메-엔!

토미는 경건하게 중얼거렸으며, 그의 말씨로 보아 완전히 악의적이지는 않았습니다. 가장 무정한 고아라 할지라도 화가 난 원장님과 마주하기 위해 원장실로 호출된 잘못을 저지른 누이에게 연민을 느꼈을 것입니다. 그리고 토미는 제루샤를 좋아했습니다. 비록 제루샤가 가끔 자기의 팔을 잡아당기고 코를 비눗물과 솔로 문질러 씻어주는 경우가 있었지만 말입니다.

아무 말 없이 원장실로 향하는 제루샤의 이마에는 주름이 두 줄 잡혔습니다. '무슨 문제가 있었던 걸까?' 제루샤는 궁금했습니다. '샌드위치가 충분히 얇지 않았던 걸까? 호두 케이크에 혹시 호두 껍데기가 있었던 걸까? 한 여성 방문 위원이 수지 호손의 스타킹에 구멍이 난 것을 보았던 걸까? 혹시--오, 끔찍하게도!--내가 관리하는 F실의 천사 같은 꼬마 중 하나가 신탁 위원에게 "건방진 말"을 한 걸까?'

제루샤가 아래층으로 내려가자 긴 복도는 불이 켜져 있지 않았으며, 마지막 신탁 위원이 막 떠나려고 하는지 안마당으로 들어가는 자동차의 출입구로 이어지는 열린 문에 서 있었습니다. 제루샤는 그 위원에 대한 순간적인 인상을 포착했는데, 그 인상은 오로지 키가 크다는 것이었습니다. 그는 모퉁이에 주차되어 대기 중인 자동차를 향해 팔을 흔들어 보였습니다. 자동차가 움직이기 시작하고 순간적으로 정면으로 다가오자, 눈부신 헤드라이트가 그의 그림자를 실내 벽에 선명하게 비추었습니다. 그 그림자는 복도 바닥을 따라 벽 위로 올라가는 괴기하게 긴 다리와 팔을 묘사하고 있었습니다. 그것은 마치 거대한, 흔들리는 장님 거미처럼 보였습니다.

제루샤의 불안했던 이마의 주름은 사라지고 빠르게 웃음으로 바뀌었습니다. 제루샤는 본래의 성격이 밝은 사람으로, 조금이라도 웃을 수 있는 꺼리를 항상 찾곤 했습니다. 만약 신탁 위원이란 존재의 압박감에서 어떤 재미있는 면을 이끌어낼 수 있다면, 그것은 뜻밖의 수확이라고 할 수 있습니다. 이 작은 에피소드로 힘을 얻은 제루샤는 웃는 얼굴로 원장실로 들어가서는, 립펫 원장님에게 미소를 지으며 인사를 했습니다. 놀랍게도 원장님도 확실한 미소는 아닐지라도 적어도 눈에 띄게 사근사근한 태도를 보였습니다. 립펫 원장님은 방문객들을 맞이할 때와 거의 같은 유쾌한 표정을 지어보였습니다.

"제루샤, 앉아라. 너에게 할 말이 있단다."

제루샤는 가장 가까운 의자에 앉아 약간 긴장하면서 기다렸습니다. 자동차가 창밖을 스쳐 지나갔고, 립펫 원장님은 그 자동차를 바라보고 있었습니다.

"방금 돌아가신 신사님을 보았느냐?"

"나는 그분의 뒷모습만 보았습니다."

"그분은 우리 재단의 가장 영향력 있는 신탁 위원 중 한 명이며, 우리 고아원을 위한 많은 금액을 기부해 주셨단다. 그분의 성함을 밝힐 수는 없단다. 본인의 이름이 알려지지 않도록 명확하게 요구하셨거든."

제루샤의 눈이 살짝 커졌습니다. 제루샤는 원장님과 함께 신탁 위원들의 기이한 행동에 대해 논의하기 위해 원장실에 불려오는 것에 익숙하지 않았기 때문입니다.

"이 신사분은 우리 고아원의 아이들 중 소년 몇몇에게 관심을 가지고 있단다. 찰스 벤턴과 헨리 프리제를 기억하지? 이 둘은 모두 이 신탁 위원의 후원으로 대학을 다니게 되었고, 두 사람 모두

그처럼 관대한 지원에 보답하기 위해 열심히 공부하고 있단다. 이 신사분은 다른 보상을 원하지 않는단다. 이전까지 그의 자선 활동은 오직 남자아이들에게만 베풀어졌단다. 내가 고아원의 다른 소녀들에게도 관심을 가져달라고 건의해 봤지만, 그분의 관심을 끌어낼 수가 없었단다. 내 생각에, 그분은 소녀들은 별로 좋아하지 않는 것 같구나."

"그런 것 같네요, 원장님." 이 시점에서 어떤 답변을 기대하는 느낌이 들었기 때문에, 제루샤가 조용하게 작은 소리로 중얼거렸습니다.

"오늘 정기 회의에서 제루샤 너의 장래에 대한 질문이 제기되었단다."

립펫 원장님은 잠시 뜸을 들인 후, 듣고 있는 사람의 긴장된 신경을 극도로 날카롭게 만드는 느리고 평온한 방식으로 말을 이어갔습니다.

"보통은, 알다시피 아이들은 16살이 넘으면 더 이상 고아원에 남아 있을 수 없지만, 너의 경우에는 예외가 적용되었지. 너는 14살에 고아원 학교를 졸업했고, 학업 성적이 매우 우수했기 때문에-항상 그렇지는 않았지만, 행동에 대해서는-마을 고등학교에 계속 다닐 수 있도록 결정되었던 거야. 이제 고등학교 과정을 마무리하고 있고, 그에 따라 이제는 더 이상 고아원이 너에 대한 지원을 할 수가 없단다. 현재로서도 대부분의 학생들보다 2년을 더 받았으니까."

립펫 원장님은 제루샤가 고등학교를 다니는 2년 동안 고아원을 위해 열심히 일했음을 간과했고, 고아원의 편의가 우선하고 그녀의 교육이 그 뒷전에 있었다는 사실을 잊으셨습니다. 또한 오늘과 같은 날에는 제루샤가 학교도 가지 못하고 고아원의 청소를 해야만 했습니다.

"내가 말했던 것처럼, 너의 미래에 대한 질문이 제기되었고, 그래서 너의 기록에 대해 철저하게 상의했단다."

립펫 원장님은 법정에 있는 피고인에게 비난의 눈길을 보내듯이 제루샤를 쳐다보았고, 얼떨결에 피고인이 된 제루샤는 마치 그래야 하는 것처럼 죄책감을 느끼는 것처럼 보였습니다. 이는 제루샤 자신의 기록에서 특별히 나쁜 기억을 떠올릴 수 없었던 것과는 관계가 없었습니다.

"당연히 너와 같은 처지에 있는 경우엔 네가 일 할 수 있도록 일자리를 찾아주는 게 일반적이긴 하지만, 너는 일부 특정 과목들에 있어서는 학교에서 잘해왔더구나. 특히 국어에서의 너의 성적은 아주 훌륭했어. 우리 방문 위원회의 위원인 프리차드 양은 학교 이사회에서도 활동하고 있거든. 그녀는 너의 수사학 교사와 이야기를 나누었고, 교사에게 너를 아주 좋게 얘기했단다. 또한, 네가 쓴 '우울한 수요일'이라는 제목의 에세이를 소리 내어 읽어 주셨단다."

이번에는 제루샤가 죄책감 가득한 표정을 지었습니다. 절대로 가식이 아니었습니다.

"제루샤 너 자신에게 그렇게 많은 도움을 준 기관을 조롱하며 감사하지 않는 듯한 태도를 보였다는 인상을 받았단다. 만약 너의 글이 재미있지 않았다면, 용서받을 수 있었을지 의문이 들더구나. 다행스럽게도 제루샤, 방금 떠난 신사분께서는 유머 감각이 남다르게 풍부하신 것 같더구나. 너의 그 건방진 글을 보시고는 너를 대학에 보내주겠다고 말씀하셨어."

"대학으로요?" 제루샤의 눈이 휘둥그레졌습니다.

립펫 원장님은 고개를 끄덕였습니다.

"그분은 나와 후원할 조건에 대해 논의하기를 기다렸단다. 그 조건이라는 게 좀 특이했어. 그 신사분께서는 별난 분인 것 같더구나. 그분은 너에게 독창성이 있어 보인다며, 너를 작가로 교육시킬 계획을 세우셨다는구나."

"작가라고요?" 제루샤의 마음은 멍해졌습니다. 립펫 원장님의 말만 되풀이할 수밖에 없었습니다.

"그것이 그분의 바람이란다. 그것이 어떤 결과를 가져올지는 너의 미래가 보여주겠지. 용돈을 받아 본 경험이 전혀 없는 소녀에게 매우 넉넉한 용돈을 주실 거야. 너무 과도할 정도로 말이야. 그분은 이 문제를 아주 철저하게 자세히 계획을 세우셔서, 내가 다른 제안을 할 수가 없었단다. 너는 여름까지만 이곳에 머물러 있으면 된단다. 프리차드 양이 친절하게도 너에게 맞는 옷을 준비해 주겠다고 제안하셨어. 너의 숙식비와 학비는 직접 대학에 지불될 것이며, 그곳에서 4년 동안 매달 35달러의 용돈을 추가로 받게 될 거야. 이 정도면 다른 학생들과 동일한 조건으로 입학할 수 있도록 도와주는 거야. 그 신사분의 비서가 매달 한 번씩 너에게 돈을 보낼 것이며, 그에 대한 감사의 편지를 매달 한 번씩 작성하기만 하면 돼. 그렇지만, 그 편지가 돈에 대해 감사의 말을 하라는 게 아니야. 그 분은 그런 언급을 원하지 않아, 즉 너의 학업 진행 상황과 일상생활의 사소한 것들을 전하는 편지를 작성해야 한다는 거야. 부모님이 살아 계셨다면 부모님에게 썼을 법한 편지 말이야."

"편지는 존 스미스 씨 앞으로 작성하면, 그의 비서가 잘 전달해 줄 거야. 그 신사분의 실제 이름이 존 스미스는 아니지만, 익명을 유지하기를 원하시니까 그냥 존 스미스 씨에게 보내는 편지를 작성하면 돼. 너에게는 결코 다른 이름으로 불리지는 않을 거야. 그가 이러한 편지가 필요한 이유는, 편지를 쓰는 게 문학적 표현의 능력을 촉진시킨다고 생각하시기 때문이야. 너에게는 가족이 없기 때문에, 이러한 방식으로 글을 쓰라고 하시는 거거든. 또한, 너의 발전 상황을 알아볼 수도 있겠지. 그분은 너의 편지에 결코 답장을 하지는 않을 거야, 어떤 식으로든 편지들을 신경 쓰고 싶지 않을 테니까. 그분은 편지 쓰는 것을 싫어하며, 네가 부담이 되는 것을 원치 않으시거든. 만약 네가 퇴학당하는 상황과 같이 답변이 반드시 필요해 보이는 경우가 발생한다면, 그분의 비서인 그릭스 씨에게 연락하면 돼. 매월 쓰는 편지는 네가 지켜줘야 할 절대적으로 필수야. 이 편지는 스미스 씨가 요구하는 유일한 보답이야. 그러니까 제루샤 너는 편지를 돈을 지급하는 대가로 청구서처럼 신중하게 보내야 해. 이 편지는 항상 존중하는 어조로 작성되어야 하고 너의 교육성과에 대한 사항들이 드러나야 할 거야. 너는 존 그리어 고아원의 신탁 위원에게 글을 쓰고 있다는 점을 반드시 명심해야 해."

제루샤의 눈은 간절히 원장실 출입문을 찾고 있었습니다. 그녀의 머리는 흥분 상태로 어지러움을 느낄 정도였고, 립펫 원장님의 진부한 이야기를 피하고 오직 자신만의 시간을 갖고 싶다는 생각뿐이었습니다. 제루샤는 일어나서 조심스럽게 뒤로 한 걸음을 내디뎠습니다. 립펫 원장님은 손짓하며 제루샤를 붙잡았습니다. 원장님은 이것이 간과할 수 없는 연설의 좋은 기회로 여겼던 것입니다.

"제루샤 이러한 행운은 매우 드문 경우야, 네가 감사하는 마음을 갖고 있다고 믿어도 되겠지? 너와 같은 상황에 처해 있는 소녀들은 세상 어디에도 이렇게 좋은 기회가 주어지는 경우가 흔치 않단다. 제루샤 네가 항상 기억해야 할 것은……."

"아……예, 원장님, 감사합니다. 말씀하시려는 것이 모두 끝났다면, 저는 프레디 퍼킨스의 바지에 덧댄 것을 꿰매러 가야 할 것 같습니다."

립펫 원장님의 연설이 채 끝나기도 전에, 제루샤가 원장실 문을 박차고 나갔습니다. 립펫 원장님은 문을 놀란 눈으로 멍하니 지켜볼 뿐이었습니다.

제루샤 애벗 양이
키다리 아저씨 스미스 씨에게
보내는 편지들

퍼거슨 홀 215호

9월 24일

고아들을 대학에 보내주시는 친애하는 친절한 신탁 위원님에게

대학교에 도착했습니다! 저는 어제 4시간 동안이나 기차 여행
을 했어요. 재미있었겠죠? 안 그런가요? 저는 이제껏 기차를 타
본 적이 없었거든요.

대학은 너무나 커서 혼란스러울 지경이에요. 제 방을 나설 때
마다 길을 잃어버릴 정도라니까요. 제가 혼란이 좀 가실 때 좀 더
자세한 설명을 적어드릴게요. 또한 제가 듣고 있는 수업에 대해서
도 말씀드릴게요. 학교 수업은 월요일 아침에 시작되고요, 오늘은
토요일 저녁이에요. 하지만 처음 인사를 나누고자 먼저 이렇게 편

지를 쓰고 싶었답니다.

누군지 모르는 사람에게 편지를 쓰는 것이라 조금은 이상하게 느껴지네요. 제가 편지를 쓰는 것 자체가 좀 이상하게 느껴지긴 하지만서두요. 지금껏 제 평생을 통틀어 3~4번 이상 편지를 써본 적이 없어서, 제가 쓰는 편지가 모범적인 편지 형식이 아니더라도 너그러이 이해해 주시면 고맙겠습니다.

어제 아침 출발하기 전에, 립펫 원장님과 저는 매우 진지한 대화를 나누었어요. 원장님은 제가 앞으로 남은 평생 동안 어떻게 행동해야 하는지, 특히 저를 위해 많은 도움을 주시는 친절한 신사분을 어떻게 대해야 하는지를 말씀해 주셨어요. 그래서 저는 '매우 존경심'을 가지고 행동해야 함을 명심해야 해요.

하지만 '존 스미스'라고 불리기를 원하는 사람에게 어떻게 매우 존경심을 가질 수 있을까요? 왜 조금 더 개성 넘치는 이름을 선택할 수 없었나요? 나는 차라리 '친애하는 말뚝에게'나 '친애하는 빨랫줄 기둥에게' 편지를 쓰는 것이 더 나을 것 같네요.

이번 여름 내내 신탁 위원님에 대해 많은 생각을 해왔어요. 이렇게 오랜 시간이 지난 후 누군가가 저에게 관심을 가져주니 제가 일종의 가족을 찾은 것 같은 기분이 들었거든요. 이제 누군가에게 속해 있는 것처럼 느껴지며, 매우 편안한 감정이랍니다. 하지만 한 가지 말씀드리자면, 신탁 위원님을 생각할 때 제 상상력은 거의 무용지물이 되어 버려요. 제가 신탁 위원님에 대해 아는 것은 단 세 가지뿐이에요.

- 키가 크다.
- 부자다.
- 여자아이들을 싫어한다.

저는 위원님을 '친애하는 소녀 혐오자 씨'라고 불러야 할 것 같아요. 하지만 그건 저 자신을 좀 모욕하는 것 같네요. '친애하는 부자 씨'라고 할까도 생각했습니다만, 그건 위원님을 너무 모욕하는 것 같고요. 마치 돈이 위원님의 유일한 중요한 것이듯이 말이죠. 게다가 부자라는 것은 매우 외적인 특성이에요. 어쩌면 위원님이 평생 부유하라는 법이 있는 것도 아니고요, 많은 재능 있는 남자들이 월 스트리트에서 파산하는 경우도 많더라고요. 하지만 적어도 위원님은 평생 동안 키가 큰 것은 변함이 없겠죠! 그래서 저는 위원님을 '키다리 아저씨'라고 부르기로 결정했어요. 위원님이 기분 나쁘지 않길 바랄게요. 그냥 개인적인 애칭일 뿐이니까요. 우리끼리만 알면 되니까 립펫 원장님에게는 비밀로 해 주시면 대단히 고맙게 생각할게요.

10시를 알리는 종이 2분 후에 울려요. 대학교의 하루는 종소리로 구분된답니다. 식사를 하고, 잠을 자고, 공부를 하는 데도 종소리에 맞춰서 해요. 이는 매우 활력을 주거든요. 저는 하루 종일 소방차를 끄는 말처럼 느껴진답니다. 종이 울려요! 불을 꺼야 해요. 안녕히 주무세요.

제가 존 그리어 고아원에서의 생활화된 훈련 덕분에 규칙을 얼마나 정확하게 잘 지키는지 봐주시기 바랍니다.

키다리 아저씨를 가장 존경하는 마음으로
제루샤 애벗 올림

10월 1일
키다리 아저씨께

저는 대학도 사랑하고, 저를 이렇게 소중한 곳에 보내주신
키다리 아저씨도 사랑해요. 저는 아주 행복하고, 이곳에 있는 매
순간이 너무나도 기대되어 거의 잠을 잘 수 없을 정도랍니다. 이
곳이 존 그리어 고아원과 얼마나 다른지 상상할 수도 없을 거예
요. 세상에 이렇게 좋은 곳이 있다는 것은 꿈에도 생각하지 못했
답니다. 이곳에 올 수 있는 소녀가 아닌 모든 사람들에게 안타까
운 마음이 드네요. 키다리 아저씨가 소년 시절에 다녔던 대학도
이렇게 훌륭하지는 않았을 것 같은데요.

제 방은 예전에 전염병 병동으로 사용되었던 건물 제일 위층
에 있어요. 새로운 요양소가 세워지기 전까지 그곳은 전염병 환자
들이 있었던 곳이라고 하네요. 같은 층에는 저를 포함해서 4명의
학생들이 있어요. 한 명은 안경을 쓴 졸업반 학생으로, 항상 저희
에게 조금만 더 조용해 줄 것을 요청한답니다. 그리고 두 명은 신

입생이에요. 그들은 샐리 맥브라이드와 줄리아 루틀리지 펜들턴
이랍니다. 샐리는 빨간 머리에 코가 약간 위로 말린 들창코이며
다정다감한 친구이며, 줄리아는 뉴욕의 오래된 가문 출신으로
아직 저와는 인사도 못했어요. 샐리와 줄리아는 함께 방을 쓰고
있으며, 졸업반 학생과 저는 개인 독방을 쓰고 있어요. 일반적으
로 신입생들은 개인 독방을 배정받기 어렵지만, 저는 아무런 요청
도 하지 않았는데 개인 독방을 받았답니다. 아마도 교무처의 등
록 담당자가 일반적인 가정교육을 받은 학생이 고아원 출신 학생
과 함께 방을 쓰는 것이 옳지 않다고 생각했나 봐요. 보시다시피,
고아원 출신인 게 이득이 될 때도 있군요!

제 방은 2개의 창문이 있고 전망이 좋은 북서쪽 구석에 있어
요. 18년 동안 20명의 아이들과 함께 고아원에서 살아온 저에게
는 혼자 있는 것이 얼마나 조용하고 평안을 주는지 모르실거예
요. 처음으로 제가 제루샤 애벗과 친해질 기회를 얻은 것 같아요.
점점 그녀를 좋아할 것 같아요.

키다리 아저씨는 어떻게 생각하세요?

화요일

신입생 농구 팀을 만들려고 하고 있는데, 제가 팀에 들어가게
될지도 모르겠어요. 물론 제가 키는 작지만, 동작이 굉장히 빠르

고 강단이 있으며 강인한 체력을 가지고 있거든요. 다른 친구들이 공중으로 뛰어오를 때, 저는 그들의 발 사이로 피해서 공을 낚아 챌 수 있어요. 오후에 운동장에서 나무들이 붉고 노란색으로 물들고 낙엽을 태우는 냄새가 물씬 풍기는 가운데 모두가 웃고 소리 지르며 농구 연습하는 것은 매우 즐겁답니다. 제가 본 여자아이들 중 가장 행복한 농구 팀원들이며, 그중에서도 가장 행복한 사람은 바로 저예요!

저는 제가 배우고 있는 모든 것들에 대해 장문의 편지를 써서 말씀드리려고 했어요(립펫 원장님께서 키다리 아저씨가 알고 싶어 하신다고 하셨거든요). 하지만 지금 막 7교시 시작을 알리는 종이 울렸고, 10분 내로 체육복으로 갈아입고 운동장으로 나가봐야 해요. 키다리 아저씨는 제가 농구 팀에 뽑히기를 바라지 않으세요?

언제나 아저씨의

제루샤 애벗 올림.

추신(9시)

지금 막 샐리 맥브라이드가 제 방에 머리를 들이밀고는 이렇게 얘기하네요.

"나는 집이 너무 그리워서 참을 수가 없어. 너는 그런 기분 안 드니?"

나는 살며시 미소 지으며 아니라고 말했어요. 나는 극복할 수 있을 거라고 생각했거든요. 적어도 향수병은 내가 걸리지 않을 질병 중 하나예요! 누구라도 향수병에 걸려서 아픈 사람이 있었다고 들어본 적이 없거든요. 그렇죠?

10월 10일
키다리 아저씨께

미켈란젤로에 대해 들어보신 적이 있으신가요?

그는 중세 이탈리아에서 살았던 유명한 예술가였데요. 국문학 수업을 수강하는 모든 학생들이 그에 대해 알고 있는 것 같았고, 저는 그를 대천사라고 생각했기 때문에 그렇게 말했다가 강의를 듣는 모든 학생들을 웃게 만들었어요. 대천사처럼 들리죠, 그렇지 않나요? 저의 대학 생활의 애로점은 제가 결코 배워보지 못한 많은 것들을 다른 학생들은 당연히 알고 있을 거라고 생각한다는 것이에요. 그래서 가끔 매우 당황스러운 상황이 연출되기도 한답니다. 하지만 이제는, 학생들이 제가 한 번도 들어본 적 없는 것들에 대해 이야기할 때면, 저는 그냥 가만히 있다가 나중에 백과사전을 찾아본답니다.

제가 첫날 끔찍한 실수를 저질렀어요. 누군가 모리스 마테를링크(1911년 노벨문학상을 수상한 벨기에 시인이자 극작가이며 수필가, 대표작 『파랑새』)를 언급했을 때, 제가 그녀에게 신입생인지 물었어요.

그 농담(?)은 대학 전체에 퍼졌답니다. 어쨌든 제가 강의를 듣는 다른 학생들 못지않게 똑똑하고, 일부보다 더 뛰어나다고 자부해요!

제 방을 어떻게 꾸몄는지 알고 싶지 않으신가요? 갈색과 노란색의 교향곡이에요. 벽은 연한 갈색으로 칠해져 있으며, 노란색 데님 커튼과 쿠션, 그리고 중고로 3달러에 구입한 마호가니 책상(적갈색 책상)과 등나무 의자, 그리고 가운데에 잉크 자국이 있는 갈색 양탄자를 구입했어요. 저는 의자를 그 잉크 자국 위에 올려 놓았답니다.

창문이 높이 설치되어 있어, 보통 의자에서는 앉아서 밖을 볼수 없어요. 그래서 서랍장의 뒤에 붙어 있는 거울을 분리하고, 분리된 서랍장 윗부분을 장식한 후 창문이 있는 쪽으로 옮겼거든요. 그랬더니 창밖을 볼 수 있는 딱 맞는 높이의 창가 의자가 되었답니다. 서랍장의 서랍을 열어서 계단처럼 올라가면 되거든요. 꽤나 만족스러워요!

샐리 맥브라이드는 졸업반인 4학년 경매에서 물건을 고르는데 도움을 주었어요. 샐리는 줄곧 집에서 살아와서 그런지 가구에 대해 아주 잘 알고 있었어요. 키다리 아저씨는, 5달러 지폐로 쇼핑하고 거스름돈을 받는 것이 얼마나 즐거운 일인지 상상할 수 없을 거예요. 평생 단 5센트를 가져본 적이 없는 사람으로서 말이죠. 키다리 아저씨, 저에게 용돈을 주신 것을 진심으로 감사하고 있어요.

샐리는 세상에서 가장 재미있는 친구이며, 줄리아 루틀리지 펜들턴은 가장 재미없는 친구랍니다. 교무처 등록 담당자가 한 방의 친구를 선정할 때 어떤 기준으로 만들었는지 참 의아스러워요. 샐리는 모든 것을 즐겁게 생각해요. 심지어 시험에 떨어져도 말이죠. 그 반면에, 줄리아는 모든 것에 따분해 한답니다. 줄리아는 사교적인 최소한의 노력도 하지 않아요. 펜들턴 가문 출신이기만 하면 더 이상의 어떤 심사도 없이 천국에 가는 자격이 주어진다고 믿는 친구예요. 줄리아와 저는 서로 성격적으로 맞지 않는 것 같아요.

이제는 제가 무엇을 배우고 있는지 듣고 싶어 매우 조바심을 갖고 기다리고 계시죠?

- 라틴어: 제2차 포에니 전쟁. 한니발과 그의 군대는 어젯밤 트라시메누스 호수 근처에 진을 쳤습니다. 그들은 로마군을 위한 매복 작전을 준비하였고, 오늘 새벽 4시 경계 때 전투가 발생하였습니다. 로마군은 퇴각 중입니다.
- 프랑스어: "삼총사"의 24쪽 및 불규칙 동사의 세 번째 활용.
- 기하학: 원기둥을 끝냈고, 이제 원뿔을 하고 있습니다.
- 국어: 설명문에 대해 공부 중. 내 글 쓰는 방식의 선명함과 간결함이 나날이 좋아지고 있습니다.
- 생리학: 소화 기관까지 마침. 다음에는 담즙과 췌장에 대해 배울 예정.

교육받는 중인

제루샤 애벗 올림.

추신: 아저씨, 절대로 술을 마시지 않았으면 좋겠어요. 그것은
간에 끔찍한 영향을 미치거든요.

수요일
키다리 아저씨께

제 이름을 바꿨어요.

저는 아직도 학적부에는 '제루샤'로 되어 있지만, 다른 모든 곳
에서는 '주디'라고 불러요. 이렇게 유일한 애칭을 스스로 만들어
야 한다는 것은 조금 아쉬운 일이지요. 다만, '주디'라는 애칭은
제가 스스로 만든 이름은 아니에요. 프레디 퍼킨스가 말을 분명
하게 할 수 없던 시절에 저를 그렇게 불렀거든요.

립펫 원장님이 아기 이름을 지을 때 조금 더 독창성을 발휘했
으면 좋겠어요. 원장님은 전화번호부에서 성을 고르시더라고요.
첫 페이지를 펼치면 '애벗'이라는 성이 있어요. 그리고 이름은 기
독교 이름 중 어디에서나 가져온답니다. 원장님은 묘비에서 '제루
샤'라는 이름을 보고 제 이름을 지으신 거라고 하더라고요. 저는
항상 제 이름이 싫었어요. 그렇지만 '주디'라는 이름은 꽤 마음에

26

들어요. 좀 우스꽝스럽긴 하지만요. '주디'라는 이름은 제가 아닌 작고 파란 눈을 가진 귀엽고, 가족 모두에게 애지중지 받으며, 걱정 없이 인생을 즐겁게 살아가는 여자 아이에게나 어울릴법한 이름이거든요. 그렇게 사는 것도 좋지 않을까요? 제가 어떠한 결점이 있더라도, 가족에게 응석받이로 키워졌다는 비난을 받지는 못할 거예요! 하지만 제가 그렇게 키워졌다고 상상하는 것도 재미있을 것 같아요. 앞으로 저를 '주디'라고 불러주세요.

무언가 더 알고 싶으세요? 저는 새끼양가죽 손가락장갑이 세 켤레나 있어요. 크리스마스트리에서 선물로 새끼양가죽 벙어리장갑을 받아본 적은 있지만, 다섯 개의 손가락이 있는 진짜 새끼양가죽 장갑은 처음이거든요. 틈날 때마다 손가락장갑을 꺼내어 껴보곤 해요. 온종일 강의시간에 끼지 않으려고 애쓰고 있어요.

(저녁 식사 종이 울렸어요. 안녕히 계세요.)

금요일

키다리 아저씨, 어떻게 생각하세요? 국어 교수님이 제가 최근에 낸 논문이 비범한 독창성을 엿볼 수 있다고 말씀하셨어요. 진짜라니까요. 정말로 그렇게 말씀하셨어요. 제가 받은 18년 동안의 교육을 생각해보면, 그럴 가능성이 없어 보이죠. 그렇죠? 존 그리어 고아원의 목적(키다리 아저씨도 잘 알고 계시고 진심으로 동의하시는 바와 같이)은 97명의 고아를 97명의 쌍둥이로 바꾸는 것이에요.

모든 고아

후면도   정면도

제가 보이는 이 독특한 예술적 능력은 어린 시절 장작을 쌓아 두는 창고 문에 립펫 원장님의 초상화를 분필로 그리면서 개발되었어요.

제가 어린 시절의 고향인 고아원을 비판할 때 키다리 아저씨의 감정을 상하게 하지 않기를 바랄게요. 하지만 아저씨에게 우선권이 있다는 것을 아셔야 해요. 제가 지나치게 건방지게 군다고 생각하시면, 언제든지 후원을 중단할 수 있으니까요. 이런 말은 매우 공손하지 못하지만, 제가 예의를 갖출 것이라고 기대하시지 않으셨으면 좋겠어요. 고아원은 젊은 숙녀들의 교양 학교가 아니니까요.

키다리 아저씨, 아시다시피, 대학에서 힘든 것은 학업이 아니라 친구들과 어울리는 거랍니다. 저는 친구들이 이야기하는 내용의 절반도 이해하지 못해요. 그들의 농담은 저를 제외한 모든 사람들이 공유하는 것처럼 보여요. 저는 그들의 언어를 이해하지 못하는 외국인처럼 느껴진답니다. 이는 정말 제 감정을 비참하게 만들어요. 저는 평생 이런 기분으로 살아 왔어요. 고등학교 시절에는 여자 아이들이 떼를 지어 저를 둘러싸고 바라보며 서 있었던 적도 있어요. 제가 기이하고 그들과 다르다는 것을 모든 사람들이 알고 있었던 것 같아요. 제 얼굴에 '존 그리어 고아원'이라는 글씨가 새겨져 있는 것처럼 느껴져요. 그리고 몇몇 자선을 베푸는 이들은 저에게 다가와서 공손한 말을 하곤 했어요. 저는 그들 모두를 싫어했어요. 특히 자선을 베푸는 사람들을 가장 미워했어요.

이곳의 누구도 내가 고아원에서 자랐다는 것을 몰라요. 저는 샐리 맥브라이드에게 제 부모님은 돌아가셨고, 한 친절한 노신사가 저를 대학에 보내고 있다고 말했어요. 틀린 말은 아니지만 부분적으로는 그렇다는 거죠. 제가 겁쟁이라고 생각하지 않으셨으면 좋겠요. 저도 다른 친구들처럼 되고 싶거든요. 하지만 저의 어렴풋한 어린 시절의 모든 기억을 덮고 있는 고아원 출신이라는 그 끔찍한 사실이 저와 다른 친구들과의 유일한 큰 차이점이랍니다. 만약 제가 그 사실을 외면하고 기억하지 않을 수만 있다면, 저는 다른 어떤 여자 못지않게 매력적일 수 있을 것 같거든요. 제 생각에는 근본적인 차이가 없다고 믿어요. 키다리 아저씨는 그렇게 생각하지 않으시나요?

어쨌든, 샐리 맥브라이드는 저를 좋아한답니다!

아저씨의 영원한

주디 애벗 올림.

(본명 제루샤.)

토요일 아침

저는 방금 이 편지를 다시 읽어보았는데, 매우 기분이 좋지 않아요. 하지만 월요일 아침까지 제출해야 할 특별한 주제와 기하학 복습이 있고, 게다가 저는 매우 심한 감기에 걸려버렸거든요. 지금 저의 상태를 짐작할 수 있으시죠?

일요일

어제 편지를 우편으로 보내는 걸 잊어버리는 바람에 추신을 추가할 수 있게 되었네요. 오늘 아침에 주교님의 설교가 있었어요. 그가 뭐라고 하셨는지 아세요?

"성경에서 우리에게 주어진 가장 은혜로운 약속은 '가난한 자들이 항상 너희와 함께 하느니라.'라는 것입니다. 그들은 우리가 자선을 베푸는 마음을 가지도록 하기 위해 존재합니다."

가난한 사람들은 유용한 가축이라는 것이죠. 만약 제가 이렇게 완벽한 숙녀로 성장하지 않았다면, 저는 주교님의 설교가 끝난 후에 달려가서 주교님에게 제 생각을 말했을 거예요.

10월 25일
키다리 아저씨께

저는 농구 팀에 선발되었어요. 제 왼쪽 어깨에 생긴 멍을 꼭 보셔야 해요. 그 멍은 파란색과 적갈색이 섞여 있으며, 주황색의 작은 줄무늬도 있답니다. 줄리아 펜들턴 역시 농구 팀에 지원했지만, 뽑히지 않았어요. 만세!

내가 얼마나 비열한 기질을 가지고 있는지 아시겠지요?

저의 대학 생활은 점점 더 좋아지고 있어요. 학생들과 교수진, 강의, 캠퍼스, 그리고 식사도 모두 좋아요. 우리는 일주일에 두 번 아이스크림을 먹을 수 있고요. 결코 여기서는 옥수수 가루로 만든 죽 따위는 먹지 않는답니다.

키다리 아저씨께서는 한 달에 한 번만 제 소식을 듣고 싶으셨던 것이 아닌가요? 그런데 저는 며칠마다 편지를 자주 드렸네요!

이 모든 새로운 경험들이 나를 너무나 흥분시켜서 누군가와 이야기해야만 했어요. 제가 아는 사람은 오직 키다리 아저씨뿐이거든요. 제 지나친 열정에 대해 양해 부탁드릴게요. 조만간 곧 진정될 거예요. 만약 제 편지가 너무 지루하시다면 언제든지 쓰레기통에 버리셔도 괜찮아요. 11월 중반까지는 편지를 쓰지 않겠다고 약속드릴게요.

수다스러운
주디 애벗 올림.

"농구를 하고 있는
주디 애벗"

11월 15일

키다리 아저씨께

제가 오늘 배운 것을 들어보세요.

정사면체의 절단면적의 볼록면적은 두 바닥의 둘레의 합과 그 중 하나의 사다리꼴의 높이를 곱한 값의 1/2에 해당합니다.

믿기 어려운 이야기처럼 들리시겠지만 사실이에요. 제가 그 증거를 제시할 수도 있어요!

아저씨, 제 옷에 대해 들어본 적이 없으시죠? 여섯 벌의 드레스가 있어요. 모두 새것이고 아름다우며 저를 위해 구입한 거예요. 누군가에 의해 물려받은 것이 아니랍니다. 고아인 저의 인생에서 이것이 얼마나 중요한 가장 신나는 사건인지 모르실거예요. 아저씨가 저에게 주신 거죠. 저는 정말, 정말, 정말 감사드려요. 교육을 받는 것은 좋은 일이지만, 여섯 벌의 새 드레스를 소유하는 경험과는 비교할 수가 없답니다. 방문 위원회에 계신 프리차드 양이 제 옷들을 골라주셨어요. 립펫 원장님이 아닌 것이 천만 다행이랍니다. 저에게는 실크 위에 핑크색 얇고 부드러운 이브닝드레스(이 드레스를 입으면 완전히 아름다워요), 파란색 교회 드레스, 동양풍 장식이 있는 빨간색 베일 드레스(집시처럼 보이는 것 같아요), 장미색 샬리 천 드레스, 회색 외출용 정장, 그리고 매일 강의를 들으러 갈 때 입는 드레스까지 해서 총 여섯 벌이 있어요. 줄리아 러틀리지 펜들턴에게는 그리 대단한 옷들이 아닐지는 몰라도, 제루샤 애벗에게는 오, 이게 꿈은 아니겠죠!

지금 아저씨는 제가 얼마나 경박하고 얄팍하고 생각 없는 여자애인지, 그리고 그 여자애를 교육시킨 다는 것이 얼마나 돈 낭비인지를 생각하고 계시겠죠?

하지만 키다리 아저씨, 만약 아저씨가 평생 체크무늬 깅엄 옷만 입고 지냈다면, 제가 느끼는 감정을 이해하실 수 있을 거예요. 그리고 제가 고등학교에 입학했을 때에는 그전에 입었던 체크 깅엄보다 더욱 힘든 또 다른 시기를 맞이하게 되었답니다.

가난한 자들을 위한 상자인 자선함에 든 옷을 입어야 했거든요.

고등학교에 그 비참한 자선함에 들어 있던 드레스를 입고 가는 것이 얼마나 두려웠는지 아저씨는 그 심정을 이해하지 못하실 거예요. 제가 입은 드레스가 원래의 소유자였던 학생 옆에 앉게 된 경우도 있었어요. 그 학생은 속삭이며 낄낄거리고 다른 학생들에게 지적질도 하더군요. 원래의 주인이 버린 옷을 입는 고통은 제 영혼을 갉아먹는 것처럼 저를 비참하게 만들거든요. 제가 평생 동안 실크 스타킹을 신는다고 하더라도, 그때의 뼈아픈 상처를 지울 수는 없을 거예요.

최신 전쟁 소식!
현장 소식

11월 13일 목요일 새벽 4시에, 한니발 장군은 로마 군대의 선

봉을 격파하고 카르타고 군대를 이끌고 산을 넘어 카실리눔의 평원으로 진격했습니다. 경량 무장한 누미디아의 한 집단이 퀸투스 파비우스 막시무스의 보병과 접전을 벌였습니다. 두 차례의 전투와 경미한 교전이 있었으며, 로마 군대는 큰 손실을 입고 퇴각하였습니다.

아저씨의 특별 전권 기자로서의 영광을 가진
주디 애벗 올림.

추신: 아, 아저씨. 저는 제 편지에 대한 답장을 받지 못할 것이라는 점도 알고 있으며, 많은 질문으로 아저씨를 괴롭히지 말라는 경고도 받았어요. 하지만 한 번만 말씀해 주세요. 아저씨는 나이가 아주 많으신가요? 아니면 조금 많으신가요? 그리고 완전히 대머리이신가요? 아니면 조금 대머리이신가요? 아저씨를 기하학의 정리처럼 추상적으로 생각하기에는 매우 어려워요.

키가 크고, 부유하고, 여자들을 싫어하지만, 매우 무례한 한 여자아이에게는 매우 관대한 아저씨라면, 그는 어떤 모습일까요?

회신 부탁.

12월 19일

키다리 아저씨께

제 질문에 대답하지 않으셨어요. 그것은 매우 중요해요.

아저씨는 대머리이신가요?

나는 아저씨의 머리 꼭대기에 도달할 때까지는 어떻게 생겼는지 나름대로 계획해 두었어요. 그것도 매우 만족스럽게요. 하지만 머리 부분에 도달하면 나는 꽉 막혀버리고 맙니다. 아저씨의 머리카락이 흰 색인지 검은 색인지 아니면 약간 흩뿌려진 회색 머리카락인지 아니면 전혀 머리카락이 없는지 결정할 수가 없어요.

여기 아저씨의 초상화가 있답니다.

머리카락을 좀 추가해야 할까요?

아저씨의 눈동자 색깔이 무엇인지 알고 싶으시죠? 그건 회색이며, 눈썹은 베란다 지붕처럼 튀어나와 있어요(소설에서는 이런 것을 '돌출된'이라고 표현한답니다.). 그리고 입은 직선 모양에 양쪽 끝이 아래로 내려가 처진 모양이에요. 아, 보세요, 저는 알았어요! 아저씨는 성깔이 있는 톡톡 튀는 노인이시군요.

(예배당 종소리)

오후 9시 45분

나는 새로운 불변의 규칙을 하나 만들었어요. 아침에 아무리 많은 제출해야 할 과제 보고서가 들어온다고 해도 상관없이 결코 밤에는 공부하지 않기로 했어요. 대신 저는 꼭 일반적인 책을 읽을 거예요. 아저씨도 아시다시피, 저에게는 18년이라는 기간의 공백이 있잖아요. 아저씨는 제가 얼마나 큰 무지의 심연에 처해 있는지 믿지 못하실 거예요. 저 스스로 그 심연의 깊이를 깨닫고 있거든요. 대부분의 적절히 교육을 받은 일반 가족과 집, 친구들, 도서관이 있는 그런 환경에서 자란 여자아이들이 자연스럽게 아는 것들을 저는 들어본 적이 없거든요.

예를 들어, 《마더 구스》나 《데이비드 코퍼필드》, 《아이반호》, 《신데렐라》, 《푸른 수염》, 《로빈슨 크루소》, 《제인 에어》, 《이상한 나라의 앨리스》, 루디야드 키플링의 소설도 한 번도 읽어본 적이 없어요. 헨리 8세가 한 번 이상 결혼했다는 사실과, 셸리가 시인이라는 것도 몰랐어요. 나는 사람의 조상이 원숭이였다는 것과 에덴동산이 아름다운 신화였다는 것도 몰랐어요. 나는 R.L.S.가 로버트 루이스 스티븐슨의 약자라는 것도, 조지 엘리엇이 여자라는 것도 몰랐어요. 나는 〈모나리자〉의 사진을 본 적이 없었고(사실이지만 믿지 못하실 겁니다.), 셜록 홈즈에 대해서도 전혀 들어본 적이 없답니다.

지금 저는 이러한 것들과 그 외에도 많은 것들을 알게 되었지만, 제가 얼마나 더 따라잡아야 하는지 알 수 있을 거예요. 그래도, 정말 재미있어요! 저는 하루 종일 저녁이 오기를 기다리며, 그 때가 되면, 문에 '공부 중'이라는 푯말을 걸고 멋진 빨간 목욕 가운을 걸치고 모피 슬리퍼를 신은 다음 소파에 있는 모든 쿠션을 제 등 뒤에 쌓고 앉아서 팔걸이에 있는 황동 학생 전등을 켜고 계속해서 책을 읽고 또 읽어요. 한 권의 책으로는 부족하거든요. 저는 동시에 네 권의 책을 읽고 있어요. 지금 읽고 있는 책들은 테니슨의 시, 《허영의 시장》 그리고 키플링의 《소박한 이야기》, 그리고 …… 웃지 마세요. 《작은 아씨들》이에요. 제가 대학에서 유일하게 《작은 아씨들》을 읽지 않은 여학생이라는 것을 알게 되었어요. 하지만 아무에게도 이야기하지 않았어요(제가 이상하게 보일 것 같아서요.). 그냥 조용히 서점에 가서 지난 달 받은 용돈 중에서 1달러 12센트를 주고 구입했어요. 이제는 누군가가 라임 절임(《작은 아씨들》의 7장에 나오는 내용)에 대해 이야기하면, 저는 그가 어떤 이야기를 하고 있는지 알게 되었답니다!

10시 종이 울려요. 이번 편지는 자주 끊기네요.

토요일

알려드립니다,

저는 기하학 분야에서의 새로운 탐험에 대해 보고할 수 있어서 영광이에요. 지난 금요일, 우리는 평행육면체에 관한 이전 학습을 마무리하고 각뿔대를 학습하기 시작했어요. 이 과정이 험난하고 매우 힘든 길임을 느끼고 있답니다.

일요일

크리스마스 방학이 다음 주에 시작되기 때문에, 짐들이 다 쌓여 있어요. 복도가 너무 어수선해서 지나가기도 힘들고, 모두가 흥분으로 가득 차 있어서 공부는 뒷전인 것 같아요. 저는 방학 동안 멋진 시간을 보낼 예정이랍니다. 텍사스에 살고 있는 또 다른 신입생이 학교에 남게 되어, 우리는 아주 긴 산책을 할 계획이며, 얼음이 얼면 스케이트도 배울 예정이랍니다. 또한, 읽어야 할 책도 도서관에 그득 들어 있으니, 3주라는 방학 기간 동안 도서관을 열심히 들락거리게 될 예정이랍니다!

안녕히 계세요, 아저씨, 아저씨도 저만큼 행복하시기를 바랄게요.

아저씨의 영원한
주디 올림.

추신: 제 질문에 답변하는 것을 잊지 마세요. 글 쓰는 게 번거

로우시다면, 비서에게 전보를 치라고 하세요. 다음과 같이 단순하게 하면 되요.

스미스 씨는 상당히 대머리입니다.
또는
스미스 씨는 대머리가 아닙니다.
또는
스미스 씨는 백발입니다.

제 용돈에서 전보 요금 25센트를 차감하셔도 좋습니다.
1월까지 안녕히 계십시오. 즐거운 크리스마스 되십시오!

크리스마스 방학이 끝나갈 무렵.
정확한 날짜는 알 수 없음.
키다리 아저씨께

아저씨가 계신 곳에도 눈이 내리고 있나요? 제 방에서 바라보는 모든 세상은 하얀색으로 덮여 있어요. 하늘에서는 팝콘만큼이나 큰 눈송이가 떨어지고 있답니다. 지금은 늦은 오후라서 태양은 약간 차가운 노란색을 띠고 있고, 차가워 보이는 보라색 언덕들을 뒤로 하고 지고 있으며, 저는 창가에 앉아 마지막 햇빛 아래서 아저씨께 편지를 쓰고 있어요.

아저씨가 보내주신 5개의 금화는 정말 놀라워요! 저는 크리스마스 선물을 받는 것에 익숙하지 않거든요. 아저씨는 이미 저에게 많은 것들을 주셨고(제가 가진 모든 것 역시 아저씨 덕분이라는 것) 그래서 추가적인 선물을 받을 자격이 있는지는 잘 모르겠어요. 그렇지만 주신 선물들을 좋아해요. 제게 주신 돈으로 무엇을 샀는지 알고 싶지 않으세요?

- 강의 시간에 맞춰 갈 수 있게 해 주는 손목에 착용할 수 있는 가죽 케이스의 은시계
- 매튜 아놀드의 시집
- 보온 물병
- 무릎 담요(제 방은 추워요.)
- 50장의 노란 원고지(나는 곧 작가가 될 예정이에요.)
- 동의어 사전(작가로서 어휘력을 넓히기 위해서예요.)
- (이 마지막 항목을 말씀드리고 싶진 않지만, 말씀드릴게요.) 실크 스타킹 한 켤레

아저씨, 이제는 제가 모든 것을 이야기하지 않는다고 말하지는 않으시겠죠!

아저씨가 알고 싶으시다면, 실크 스타킹을 구입하게 된 동기는 매우 저급한 것이었어요. 줄리아 펜들턴이 기하학을 공부하러 제

방에 들어오면, 매일 밤마다 소파에 다리를 꼬고 앉아 실크 스타킹을 신고 있는 거예요. 그러나 기다려 보라죠. 줄리아가 방학에서 돌아오자마자 저는 실크 스타킹을 신고 그녀의 방으로 가서 똑같은 자세로 소파에 앉을 거예요. 아시겠죠, 아저씨, 전 이런 한심한 존재라는 것을(하지만 적어도 저는 정직해요.). 그리고 이미 제 고아원 기록을 통해 제가 완벽하지 않다는 것을 알고 계실 거예요. 그렇지 않은가요?

요약하자면(국어 교수님이 매 문장을 이렇게 시작하는 방식대로), 저는 제 일곱 가지 선물에 대해 매우 감사해요. 저는 이 선물들이 캘리포니아에 있는 제 가족으로부터 상자에 담겨 왔다고 상상하고 있어요. 은시계는 아버지께서 주셨고, 무릎 담요는 어머니께서 주셨으며, 보온 물병은 항상 제가 이 추운 날씨에 감기 걸릴까봐 걱정하시는 할머니께서 주신 것이며, 노란 원고지는 제 남동생 해리에게서 온 것이고, 실크 스타킹은 언니 이소벨이 주었으며, 매튜 아놀드의 시집은 수잔 이모가 선물해 주셨어요. 동의어 사전은 해리 삼촌(작은 해리는 그를 이름 따서 지었어요.)께서 저에게 주셨어요. 그분은 초콜릿을 보내고 싶어 하셨지만, 제가 동의어 사전을 고집했거든요.

아저씨는 이런 복합적인 가족의 역할을 맡는 것에 대해 반대하지는 않으시겠죠?

이제 제 방학 생활에 대해 말씀드릴까요? 아니면 오직 제 교육에만 관심이 있으신가요? '~에만'이라는 표현에 담긴 미묘한 의미의 진가를 알아봐 주시기를 바랄게요. 이는 제 어휘에 새롭게 추가된 표현이거든요.

텍사스 출신의 여학생은 레오노라 펜튼이라고 해요(제루샤만큼 웃기지는 않죠, 그렇지 않나요?). 저는 그녀를 좋아하지만, 샐리 맥브라이드만큼은 아니에요. 샐리를 제외하고는 그 누구도 그렇게 좋아하지는 않을 것 같아요. 항상 아저씨를 가장 좋아하기는 해요. 왜냐하면 아저씨는 나의 모든 가족을 하나로 뭉친 존재이기 때문이죠. 레오노라와 저는 두 명의 2학년 선배 학생들과 함께 매일 쾌적한 날에 시골을 걸어 다니며 주변을 산책했어요. 우리는 짧은 치마와 니트 재킷을 입고, 모자를 쓰고, 퍽을 때리기 위한 하키스틱을 들고 다녔어요. 한 번은 6킬로미터가 넘는 마을로 걸어가서는 우리 대학교 여학생들이 저녁을 먹으러 가는 레스토랑에 들렀어요. 석쇠에 구운 바다가재(35센트) 요리와 후식으로 단풍나무 시럽을 바른 메일 케이크(15센트)를 주문했어요. 영양도 풍부하고 가격 또한 저렴했답니다.

정말로 재밌었어요! 특히 저한테는 아주 특별했어요. 고아원에서는 경험해 볼 수 없는 너무나도 다른 환경의 경험이라 저에게는 더욱 그랬어요. 캠퍼스를 떠날 때마다 감옥을 도망친 죄수처럼 짜릿함이 느껴진답니다. 무심코 제가 겪고 있는 고아원 시절의 경험을 다른 이들에게 이야기하려고 했던 바로 그 순간, 들통이 나기 전에 얼른 수습을 하긴 하지만 비밀이 거의 누설될 뻔했던 적도 있어요. 제가 알고 있는 모든 것을 말하지 않는 것은 정말 괴로워요. 저는 본래 속마음을 잘 털어놓는 사람이거든요. 만약 아저씨에게라도 이야기를 하지 않는다면 전 아마도 속이 터져버릴 것만 같아요.

지난 금요일 저녁, 퍼거슨 홀의 기숙사 사감 선생님이 방학 기간 동안에 다른 홀에 남아 있는 학생들을 위해 당밀사탕을 만들기 위한 행사를 열었어요. 총 22명의 신입생, 2학년, 3학년, 4학년을 포함하여 모두가 화합하여 참여했어요. 주방은 아주 넓으며, 구리 냄비와 주전자가 벽돌에 줄지어 걸려 있었어요. 그 중 가장 작은 캐서롤 냄비가 대충 빨래 삶는 솥 크기만 했다니까요. 퍼거슨 홀에는 400명의 여학생들이 거주하고 있어요. 요리사 선생님은 흰 모자와 앞치마를 차려입고, 22개의 흰 모자와 앞치마를 가져왔어요. 그가 어떻게 그렇게 많은 것을 가져왔는지 상상이 안 가네요. 그래서 우리 22명은 모두 요리사로 변신하게 되었어요.

비록 아주 맛있는 사탕을 만들지는 못했어도, 아주 재미있었답니다. 마침내 모든 행사가 끝났을 때, 우리와 부엌, 그리고 문손잡이 모두가 철저히 끈적끈적해진 상태에서 우리는 행진을 시작했어요. 여전히 모자와 앞치마를 쓴 채로, 각자 큰 포크나 숟가락 또는 프라이팬을 들고, 우리는 빈 복도를 지나 교수실로 행진했어요. 그곳에는 5~6명의 교수와 강사가 평화로운 저녁 시간을 보내고 있었어요. 우리는 교가를 부르며 그분들에게 당밀 사탕을 드렸어요. 그들은 정중하게 받으시면서 의심스러운 눈빛을 보이시더군요. 우리가 돌아올 때 당밀 사탕 조각을 빨고 있어서 입이

끈적끈적하여 말씀이 없으셨어요.

그러니까 보시다시피, 아저씨, 제 교육은 더욱 진전되고 있답니다!

정말 내가 작가가 아니라 예술가가 되어야 한다고 생각하지는 않으시나요?

이틀 후에는 방학도 끝나고, 다시 학생들을 만나게 되어 기뻐요. 제 기숙사는 조금 외로워요. 400명을 위해 지어진 기숙사에 9명이 살고 있으니, 다소 휑뎅그렁해 보이거든요.

편지가 11장이네요. 불쌍한 아저씨, 정말 피곤하시겠어요! 저는 간단한 감사 편지로 생각하고 시작했는데, 시작하다보니 나도 모르게 그만 글이 많이 길어졌네요.

안녕히 계세요, 그리고 저를 생각해 주셔서 감사해요. 저는 무지 행복하지만, 지평선에 작은 위협적인 구름 하나가 있어요. 바로 2월에 시험이 있답니다.

사랑을 담아
주디 올림.

추신: '사랑을 담아'라는 표현이 적절하지 않은가요? 만약 그렇다면 양해해 주시기 바랄게요. 그러나 누군가를 사랑해야 하며 선택할 수 있는 사람은 오직 키다리 아저씨와 립펫 원장님뿐이거든요. 그러니 아저씨, 이 점을 이해해 주시면 좋겠어요. 저는 원장님을 사랑할 수는 없잖아요.

시험 바로 전날에
키다리 아저씨께

이 대학의 학생들이 공부하는 방식은 정말 눈여겨볼 만해요! 우리는 방학이 언제 있었는지도 잊어버렸어요. 지난 4일 동안 저는 57개의 불규칙 동사를 외웠어요. 이제 이것들이 시험이 끝난 이후까지 제 기억 속에 남아주기를 바랄뿐이에요.

몇몇 학생들은 교과서를 다 사용한 후에는 팔기도 하던데, 저는 제 것을 꼭 간직할 생각이에요. 졸업한 후에는 제 서가에 저의 전체 교육 과정을 한 눈에 볼 수 있게 정리되어 있을 것이며, 필요할 때마다 그것들을 주저 없이 찾아볼 거예요. 머릿속에 기억하려고 애쓰는 것보다 훨씬 쉽고 정확하거든요.

줄리아 펜들턴이 오늘 저녁에 제 방에 들렀고, 한 시간이나 떠들어댔어요. 그녀는 가족에 대한 이야기로 시작했는데, 저는 도저히 그녀의 말을 끊을 수가 없었어요. 줄리아는 제 어머니의 처녀 시절의 성이 무엇이었는지 알고 싶어 했어요. 불행한 고아원 출신인 저에게 이런 무례한 질문을 하는 것을 들어본 적이 있으세요? 저는 모른다고 말할 용기가 없어서, 생각나는 첫 번째 성으로 '몽고메리'라고 대답했어요. 그러자 줄리아는 제가 매사추세츠 몽고메리 가문에 속하는지 아니면 버지니아 몽고메리 가문에 속하는지 물었어요.

줄리아의 어머니는 러더포드 가문 출신이었답니다. 그 가족은 방주를 타고 이주하였으며, 헨리 8세와 혼인 관계에 있었어요. 아버지는 아담보다 더 거슬러 올라간다고 하더군요. 줄리아의 족보의 가장 높은 꼭대기에는 매우 고운 실크 같은 털과 길고 우아한 꼬리를 가진 우수한 품종의 원숭이가 있었을 거예요.

오늘 밤에 아저씨께 유쾌하고 즐거운 편지를 쓰려고 했는데, 너무 졸리고 두려워서 날이 새었어요. 신입생의 처지는 전혀 행복하지 않아요.

시험을 앞두고 있는,
주디 애벗 올림.

일요일

사랑하는 키다리 아저씨께

전해드릴 끔찍한 소식이 있습니다만, 그 소식부터 전해드리지
는 않겠어요. 먼저 기분을 좋게 만들어드릴 소식부터 알려드리도
록 할게요.

제루샤 애벗이 드디어 작가로서의 첫 발을 내딛었어요. 〈내 기
숙사에서〉라는 제목의 시가 2월 월간지인《먼슬리》의 첫 페이지
에 그것도 1면에 실렸으며, 이는 신입생에게 있어 매우 큰 영광이
랍니다. 어젯밤 예배 후 나오는 길에 제 국어 교수님이 저를 멈춰
세우시더니, 제 작품은 여섯 번째 줄의 발수가 너무 많은 것을 제
외하면, 전반적으로 아주 매력적이었다고 말씀을 하셨어요. 읽어
보시길 원할 것 같아 사본을 보내드리도록 할게요.

또 다른 즐거운 것을 생각해 볼 수 있을지 볼게요. 아, 맞다! 저
는 요즘 스케이트를 배우고 있으며, 혼자서도 꽤 당당하게 넘어지
지 않고 잘 탈 수 있어요. 또 체육관의 지붕에서 밧줄을 타고 미
끄러져 내려오는 법을 배웠고, 높이뛰기에서 약 107Cm 높이의
바를 뛰어넘을 수 있어요. 조만간 120Cm 이상에 도전할 예정이
에요.

오늘 아침 앨라배마 주에서 오신 주교님께서 우리에게 매우 영
감을 주는 설교를 해주셨어요. 주교님의 설교의 주제는 '비판하
지 말라, 그리하면 너희도 비판 받지 아니하리라'였어요. 이 설교

는 타인의 실수를 용서하고 엄격한 판단으로 타인들을 낙담시키지 않는 것이 얼마나 중요한지를 알려주는 설교였답니다. 아저씨도 이 설교를 들으셨다면 좋았을 텐데요.

이곳은 지금 가장 맑고 눈부신 겨울 오후로, 전나무에서 고드름이 녹아서 떨어지고 저만 빼고 세상은 온통 눈의 무게에 눌려 휘청거리고 있어요. 그리고 저만은 슬픔의 무게에 눌려 휘청거리고 있어요.

이제 그 소식을 전할 차례네요. 아저씨가 내게 말해주세요. '용기를 내세요, 주디!'라고요.

아저씨는 지금 정말 기분이 좋으신가요? 저는 수학과 라틴어 산문에서 낙제를 했어요. 그래서 지금 그 과목들의 개인 교습을 받고 있으며, 다음 달에 재시험을 볼 예정이에요. 아저씨가 실망하셨을까봐 걱정이기는 하지만, 저는 전혀 개의치 않아요. 저는 교과 과목에서 배울 수 없는 많은 것들을 배웠거든요. 저는 일곱 편의 소설, 그리고 수많은 시를 읽었어요. 정말 필수적인 소설들인《허영의 시장》과《리처드 페버럴》그리고《이상한 나라의 엘리스》와 같은 것들이죠. 또 랄프 왈도 에머슨의《에세이》와 존 록하트의《월터 스콧경의 생애》, 에드워드 기번의《로마 제국 쇠망사》1권과 벤베누토 첼리니의《자서전》절반 가까이 읽었어요. 벤베누토 첼리니라는 사람이 정말 재미있지 않았나요? 그는 아침식사 전에 유유하게 밖으로 나가서는 사람을 죽이곤 했답니다.

그래서 아저씨, 보세요, 제가 라틴어에만 잡혀있던 것보다 훨씬 더 지적으로 많은 것을 알게 되었다는 사실을 아시겠죠? 제가 다시는 낙제하지 않겠다고 약속한다면, 이번 한 번만은 용서해 주실 수 있으시죠?

깊이 뉘우치고 있는

주디 올림.

이달의 뉴스

스케이트를 배우고 있어요.

밧줄을 타고 내려가요.

바를 넘고있어요.

다리는 매우 어려워요.

두 과목의 낙제 통지를 받고 많은 눈물을 흘려요.

그렇지만 열심히 공부하겠다고 약속해요.

키다리 아저씨께

날씨가 매우 안 좋고 외로움을 느껴서 오늘밤 이번 달 중간에 추가 편지를 쓰네요. 폭풍우가 몰아치고 있고, 눈이 나의 기숙사 건물을 세차게 때리고 있어요. 교정의 모든 불빛이 꺼져 있지만, 나는 블랙커피를 마셔서 인지 잠을 잘 수가 없어요.

오늘 저녁에 저는 샐리, 줄리아, 레오노라 펜튼을 초대하여 저녁 만찬을 가졌어요. 메뉴는 정어리, 구운 머핀, 샐러드, 퍼지(설탕, 버터, 우유로 만든 젤리 같은 연한 사탕), 그리고 커피가 포함되어 있어요. 줄리아는 즐거운 시간을 보냈다고 하고 가버렸지만, 샐리는 남아서 설거지를 도와주었어요.

저는 오늘 밤 라틴어 공부를 하기 위해 꽤 유용한 시간을 할애할 수도 있었습니다만, 틀림없이 저는 매우 게으른 라틴어 학자랍니다. 우리는 '리비우스와 노년에 대하여'를 끝냈고, 지금은 '우정에 대하여'를 다루고 있어요(발음은 댐 이치티아예요.).

잠시 동안만 제 할머니인 척 해 주실 수 있으신가요? 샐리는 할머니가 한 분 계시고, 줄리아와 레오노라는 둘 다 할머니가 두 분이 계신데, 그들은 오늘 밤 서로의 할머니에 대해 비교하며 자랑을 하고 있었어요. 저도 그런 할머니가 있었으면 좋겠다는 생각밖에 안 나요. 정말 존경받을만한 관계예요. 그래서 만약 아저씨가 정말로 반대하지 않으신다면……, 어제 시내에 나갔다가, 연보라색 리본으로 장식된 가장 아름다운 수제 레이스 모자를 보왔어요. 저는 할머님의 83세 생신에 그 모자를 선물할 계획이랍니다.

!!!!!!!!!!!!

저것은 예배당 탑에서 12시를 알리는 소리랍니다. 결국 저는 이제 졸리기 시작하네요.

안녕히 주무세요, 할머니.
당신을 진심으로 사랑합니다.
주디 올림.

3월 15일
키다리 아저씨께

저는 라틴어 산문 작성에 대해 공부하고 있어요. 저는 계속 공부해왔고, 앞으로도 공부할 거예요. 제가 공부하고 있었던 것은 이제 거의 마무리되어 가고 있어요. 저의 재시험이 다음 주 화요일 7교시에 있으며, 저는 통과할 것인지 아니면 낙제할 것인지에 대한 기로에 서 있어요. 따라서 다음 편지에서는 완전하고 행복하며 조건 없이 아저씨께 소식을 전할 수 있기를 기대하거나, 아니면 산산이 부서진 이야기로 찾아뵐 수 있을 거예요.

재시험이 끝난 후에는 부끄럽지 않은 편지를 쓸게요. 오늘 밤에는 탈격 독립어구와 격전을 벌여야만 해요.

급히 보낸
주디 애벗 올림.

3월 26일
키다리 아저씨 스미스 씨께

존경하는 아저씨께서는 당신은 결코 제 질문에 답도 하지 않
고, 제가 하는 일에 대해 아주 미미한 관심도 보이지 않으셨습
니다. 아저씨는 아마도 그 끔찍한 신탁 위원들 중에서도 가장 끔
찍한 위원일 것이며, 아저씨가 저를 교육시키는 이유는 저에 대해
조금이나마 관심이 있어서가 아니라 의무감으로 교육을 시키시
는 것이라 생각합니다.

저는 아저씨에 대해 아는 것이 하나도 없습니다. 아저씨의 이
름조차 알지 못합니다. 전혀 모르는 사람에게 글을 쓰는 것은 전
혀 영감을 주지 않습니다. 제가 보낸 편지를 아저씨가 읽지 않고
쓰레기통에 던져버릴 것이라는 생각밖에는 없습니다. 그래서 앞
으로는 오직 학업에 대해서만 글을 쓰도록 하겠습니다.

지난주에 라틴어와 기하학에 대한 재시험을 치렀습니다. 두 과
목 모두 합격하였으며, 이제 저는 조건 없이 자유로워졌습니다.

진심으로

제루샤 애벗 올림.

4월 2일

키다리 아저씨께

저는 누구나 싫어할만한 아이랍니다.

지난주에 아저씨에게 보냈던 끔찍한 편지는 잊어주시면 고맙 겠어요. 그 편지를 쓸 때 저는 끔찍하게 외롭고, 괴롭고, 목이 아 주 아픈 상태였거든요. 그 당시에는 몰랐지만 저는 편도선염과 독 감 등 여러 질병에 걸리기 시작한 상태였어요. 현재 저는 병원에 있으며 여기서 6일째 입원해 있어요. 이제야 제가 앉아서 펜과 종 이를 사용하여 편지를 쓸 수 있는 시간이 되었어요. 수간호사는 매우 권위적인 사람이에요. 하지만 저는 계속해서 아저씨에게 보 낸 지난 번 편지를 생각해왔고, 아저씨가 저를 용서해 주시지 않 는 한 저는 건강을 되찾지 못할 것 같아요.

여기 저의 모습이 담긴 사진이 있어요. 제 머리에는 토끼 귀 모 양으로 묶인 붕대가 감싸져 있어요.

제 모습이 아저씨의 동정을 불러일으키지 않나요? 혀밑샘도 부었답니다. 저는 한 해 동안 생리학을 공부했지만 혀밑샘에 대해 들어본 적이 없어요. 교육이란 얼마나 헛된 것인지!

저는 더 이상 글을 쓸 수가 없어요. 오랫동안 앉아 있으려니 약간 몸이 떨리는 것 같아요. 무례하고 고마움을 모르는 태도를 보인 저를 용서해 주시기를 바랄게요. 저는 제대로 된 교육을 받지 못했으니까요.

사랑을 담아
주디 애벗 올림.

병원에서

4월 4일

사랑하는 키다리 아저씨께

어제 저녁 어두워지려고 할 때, 제가 침대에 앉아 비를 바라보며 병원에서의 삶에 지루해 하고 있을 때, 간호사가 저에게 주소가 적힌 긴 하얀 상자를 가지고 나타났어요. 그 상자 안에는 아주 아름다운 분홍색 장미들이 담겨 있었어요. 그리고 더욱 저를 기쁘게 한 것은, 상자에는 아주 정중한 메시지가 적힌 카드가 들어 있었다는 거예요. 글씨체가 다소 기울어진 괴상한 필기체였어요(하지만 상당한 개성이 넘치네요.). 아저씨, 무지무지 감사드려요. 아저씨의 꽃들은 제 인생에서 처음으로 받은 진정한 선물이거든요. 제가 얼마나 어린아이 같은지를 알고 싶지 않으세요? 저는 누워서 너무 행복해서 펑펑 울었답니다.

이제 아저씨가 제 편지를 읽었다는 것을 확신하게 되었으니, 더 흥미롭게 편지를 써서 빨간 테이프로 묶인 금고에 보관할 가치가 있도록 하겠어요. 하지만 그 끔찍한 편지는 꺼내어 불태워 주시면 좋겠어요. 아저씨가 그 편지를 다시 읽는다고 생각하는 것 자체가 정말 싫어요.

많이 아프고, 화나고, 불행한 신입생을 기쁘게 만들어 주셔서 감사해요. 아마도 아저씨는 사랑하는 가족과 친구들이 많이 계시고, 혼자인 기분이 어떤지 모르실 것 같아요. 하지만 저는 그 기분을 잘 알거든요.

안녕히 계세요. 다시는 끔찍한 사람이 되지 않겠다고 약속드릴게요. 왜냐하면 이제 아저씨가 진정한 사람이라는 것을 알게 되었기 때문이에요. 또한, 앞으로 더 이상 질문으로 귀찮게 하지 않겠다고도 약속드릴게요.

여전히 여자아이들을 싫어하시나요?

아저씨의 영원한
주디 올림.

월요일 아침 8시

키다리 아저씨께

아저씨가 두꺼비를 깔고 앉아 있었던 신탁 위원님은 아니기를 바랄게요. 두꺼비가 터진 것으로 전해 들었는데, 아마도 그 신탁 위원님은 더 뚱뚱했을 거예요.

존 그리어 고아원의 세탁실 창가에 있는 격자형으로 된 작은 구멍들을 기억하시나요? 매년 봄, 두꺼비 철이 시작될 때 우리는 두꺼비를 잡아 모아서 그 창가 작은 구멍에 보관하곤 했어요. 때때로 두꺼비들이 세탁실로 쏟아져 들어오면, 세탁하는 날마다 매우 즐거운 소란이 일어나곤 했어요. 이러한 행동으로 원장님으로부터 심한 꾸중을 듣긴 했지만, 그럼에도 불구하고 우리들의 두꺼비 채집은 계속되었답니다.

그리고 어느 날, 제가 너무 세부적으로 설명해서 귀찮게 하지는 않겠어요. 어떻게 하다 보니 그 가장 크고 가장 뚱뚱하고, 가장 재미있는 두꺼비가 신탁 위원회의 방에 있는 큰 가죽 안락의자 중 하나에 들어가 앉게 되었어요. 그리고 그날 오후 신탁 위원회 회의에서⋯⋯아저씨가 그 자리에 계셨고 나머지는 기억하고 계실 것이기 때문에 굳이 말씀드리고 않아도 아시겠죠?

시간이 지난 후에 돌이켜 생각해보면, 나는 처벌이 정당하다고 말할 수 있고, 제가 정확히 기억하기로는 벌을 받을 만큼 충분히 받았다고 생각해요.

제가 이렇게 회상에 잠기는 기분의 이유는 정확히 모르겠어요. 다만, 봄이 오고 두꺼비의 출현이 시작되면 항상 오래된 채집욕을 깨우기 때문일 뿐이랍니다. 내가 채집을 시작하지 않는 유일한 이유는 두꺼비를 채집하면 안 된다는 규칙이 존재하지 않기 때문이죠.

예배가 끝난 목요일

아저씨는 제가 좋아하는 책이 뭐라고 생각하세요? 제가 말씀드리는 것은 바로 지금 현재를 말하는 거예요. 저는 좋아하는 책을 3일마다 바꿔요. 지금 좋아하는 책은 《폭풍의 언덕》이랍니다. 에밀리 브론테가 아주 젊었을 때 쓴 책으로, 그녀는 하워스 교회 경내 묘지 밖으로는 한 번도 나가본 적이 없었어요. 그녀는 평생 동안 남자를 만난 적이 없었는데 어떻게 히스클리프같은 남자를 상상할 수 있었겠어요?

나는 그렇게 할 수 없어요. 그리고 나는 아주 어리고 존 그리어 고아원 밖에 나가본 적이 없지만, 세상을 알 기회는 가졌죠. 때때로 나는 내가 천재가 아닐까 하는 끔찍한 두려움이 몰려올 때가 있어요. 내가 훌륭한 작가가 되지 못한다면 아저씨께서는 많이 실망하실까요? 봄이라, 모든 것이 아름답고 푸르고 새싹이 돋고 있으니, 나는 강의를 뒤로 하고 날씨와 함께 놀러 나가고 싶다는 생각이 들어요. 들판에는 정말 많은 새로운 경험들로 기득 차 있다고요! 책을 쓰는 것보다 책을 읽으며 사는 것이 훨씬 더 즐거움을 준다고요.

아아아아악!!!

나의 이 비명에 샐리와 줄리아 그리고 복도 건너편의 4학년 선배까지 달려왔어요. 그것은 혐오스러운 지네를 본 순간 나도 모르게 비명이 나왔어요.

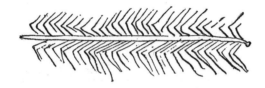

지금 보시는 그림보다 실제로는 더욱 징그러웠어요. 제가 마지막 문장을 마치고 다음에 무엇을 말할지 생각하고 있던 바로 그때, '톡'하고 천장에서 제 곁으로 떨어졌던 거예요. 도망치려고 하다가 그만 티 테이블 위의 두 개의 컵을 엎지르고 말았어요. 샐리가 제 머리빗으로 지네를 내려치는 바람에 다시는 제 머리빗을 사용할 수 없게 되었어요. 지네의 앞부분은 머리빗으로 맞아서 죽었는데, 잘린 뒷부분은 서랍장 아래로 달아나 버렸어요.

이 기숙사 건물은 오래되었고 담쟁이덩굴로 뒤덮인 벽 때문에 지네가 우글우글한답니다. 지네라는 곤충은 정말 끔찍해요. 오히려 침대 아래에 호랑이를 발견하는 것이 낫겠어요.

금요일 저녁 9시 30분

오늘은 참 많은 문제들이 있었던 하루였어요! 아침에 기상 종소리를 듣지 못했고, 옷을 급하게 입으려다 신발 끈이 끊어졌고, 셔츠 깃 단추가 떨어져 목 안으로 들어갔어요. 아침 식사 시간도 늦고 첫 강의 시간도 늦었어요. 압지도 챙기지 못했고 만년필의 잉크도 새었어요. 삼각법 시간에는 교수님과 로그 교수법에 관한 작은 문제로 의견이 일치하지 않았어요. 나중에 확인해 보니 교수님의 말씀이 맞더라고요. 점심으로 양 고기 스튜와 식용 대황(마디풀과의 여러해살이 풀)이 나왔는데, 둘 다 싫어하는 음식이에요. 그 맛은 꼭 고아원에서 먹던 맛과 같거든요. 우편함에는 청구서밖에 없어요(그 외의 다른 것들은 정말로 받아 본 적이 없다고 말씀드리고 싶어요. 저의 가족은 편지 같은 걸 쓰지 않거든요). 오늘 오후 국어 강의 시간에서 예상치 못한 작문 강의가 있었어요. 그 내용은 이래요.

나는 다른 것을 요구하지 않았고,
아무 것은 거부되지 않았다.
나는 그것을 위해 목숨을 바쳤다.
강력한 상인은 미소 지었다.

브라질? 그는 단추를 빙빙 돌리며

내 쪽을 한 번도 쳐다보지 않았다.

하지만, 여사님, 없습니까?

오늘 우리가 보여줄 수 있는 다른 것은.

저게 시랍니다. 누가 썼는지 또 의미하는 뜻이 무엇인지 모르
겠어요. 우리가 강의실에 도착했을 때, 단순히 칠판에 적혀 있었
고 우리는 이 시를 읽고 느낀 감정을 표현해 보라는 지시를 받았
어요. 첫 번째 연에서, 저는 어떤 아이디어가 떠올랐어요. '강력
한 상인'은 미덕 있는 행동에 대한 대가로 축복을 나누어 주는 신
이었고, 그러나 두 번째 연에 가서 그가 단추를 빙빙 돌리는 모습
을 보았을 때, 그것은 신성을 모독하는 것처럼 보여서 저는 급히
생각을 바꿨어요. 강의를 듣는 다른 학생들도 저와 별반 달라 보
이지 않았어요. 우리는 45분이라는 긴 시간이 다 가도록 빈 종이
와 멍한 마음으로 앉아 있었어요. 교육을 받는 다는 것은 정말 힘
든 과정인 것 같아요!

하지만 이것이 하루의 끝은 아니었어요. 더 나쁜 일이 앞으로
기다리고 있었으니까요.

오늘은 비가 와서 골프 강의를 할 수가 없었어요. 대신에 체육
관에서 골프 강의를 해야 했어요. 제 옆에 있는 친구가 체조할 때
사용하는 곤봉으로 제 팔꿈치를 '탁' 소리 나게 쳤어요. 기숙사
에 돌아가 보니 새로운 파란색 봄 드레스를 담은 상자가 도착해
있었는데, 입어 보니 치마가 너무 조여 앉을 수가 없었답니다. 또

한 금요일은 청소하는 날이라서, 청소부가 제 책상 위의 모든 서류들을 뒤섞어 놓았어요. 후식으로는 묘비에서나 먹을 법한 형편없는 음식(우유와 바닐라 맛이 나는 젤라틴)을 먹었어요. 우리는 평소보다 20분이나 더 오래 예배당에 머무르면서 여성에 대한 연설을 들어야 했어요. 그러고 나서 마침내 한숨을 쉬고 자리를 잡고 앉아 《어떤 여인의 초상》(작자 미상)을 펼치자, 저와 라틴어 수업을 함께 듣는 애컬리라는 이름의 소녀가 왔어요. 애컬리는 얼굴이 둥글고 지루하고 무기력한 학생으로, 이름이 A로 시작하기 때문에 제 옆에 앉게 되었어요(립펫 원장님이 제 이름을 Z로 시작하는 자브리스키라고 지어 주셨더라면 좋았을 텐데요.). 애컬리는 월요일 수업이 69단락에서 시작되는지 70단락에서 시작되는지를 묻기 위해서 왔다가 1시간이나 머물러 있었어요. 애컬리는 지금 막 돌아갔답니다.

아저씨는 이렇게 날 의욕이 꺾이게 하는 일련의 사건들이 줄줄이 이어져서 발생하는 걸 들어본 적이 있으신가요? 인생에서 진정한 인격이 요구되는 것은 큰 어려움이 닥쳤을 때만이 아니에요. 누구나 위기 속에서도 용기를 내어 참혹한 비극에 맞설 수 있어요. 그러나 매일의 사소한 위험을 웃음으로 대하는 것은 '정신력'이 필요하다고 생각해요.

제가 발전시켜나가야 할 인격이 바로 그런 종류예요. 저는 모든 삶이 제가 최대한 능숙하고 공정하게 플레이해야 하는 게임에 불과하다고 생각할 거예요. 만약 제가 지게 되더라도 어깨를 으쓱하며 웃어넘길 것이며, 승리할 때에도 마찬가지로 웃어넘길 거예요.

어쨌든, 저는 즐겁게 놀 수 있는 사람이 될 거랍니다. 아저씨, 저는 다시는 불평하지 않을 거예요. 줄리아가 실크 스타킹을 신던지, 지네가 벽에서 떨어지던지 가볍게 그저 어깨를 으쓱하며 웃어넘길 것이니까요.

아저씨의 영원한
주디 올림.

빨리 답해주세요.

5월 27일
키다리 아저씨님께

존경하는 아저씨, 저는 립펫 원장님으로부터 편지를 받았어요. 원장님은 제가 품행이 방정하고 학업 성취도도 높기를 바란답니다. 아마도 이번 여름에 갈 곳이 없기 때문에 그녀는 제가 다시 고아원으로 돌아와 기숙사 비대신 일할 수 있도록 허락해준다고 하시네요.

저는 존 그리어 고아원을 싫어해요.

저는 고아원으로 돌아가는 것보다 죽는 것이 낫겠어요.

친애하는 키다리아저씨께

아저씨는 진짜 멋지세요!

농장에 대해 얘기해주셔서 매우 기쁘게 생각해요. 저는 농장을 한 번도 가본 적이 없고, 여름 내내 존 그리어 고아원으로 돌아가서 설거지를 하는 것은 원치 않거든요. 제가 고아원으로 다시 돌아간다면 끔찍한 일이 발생할 위험이 있거든요. 이전의 겸손함을 잃어버린 저로써는 언젠가는 폭발하여 고아원의 모든 컵과 받침을 모조리 부수게 될까봐 두렵거든요.

간단하게 말씀드릴게요. 제가 지금 프랑스어 강의 중이라 더 이상 새로운 소식을 전해 드릴 수 없을 것 같아요. 교수님께서 곧 저를 부르실까봐 두렵거든요.

교수님이 정말 저를 부르셨어요!

안녕히 계세요,
아저씨를 매우 사랑하는
주디 올림.

5월 30일
키다리 아저씨께

제 학교의 캠퍼스를 본 적이 있으신가요? (단순한 수사적 질문이에요. 너무 귀찮아하지 마세요.) 이곳의 5월은 천국과 같은 장소랍니다. 모든 나무들은 꽃이 만개하고 가장 사랑스러운 연한 녹색을 띄고 있어요. 심지어 고목 소나무들조차 신선하고 새로워요. 잔디 위에는 노란 민들레가 곳곳에서 피어있고, 파란, 흰색, 분홍색 드레스를 입은 수백 명의 여학생들이 있어요. 모두가 기쁘고 걱정 없이 지내고 있어요. 방학이 오고 있고, 그에 대한 기대가 있으므로 앞으로 다가올 시험은 그리 중요하게 생각하지 않는답니다.

이런 5월은 누구나 행복한 마음이 아닌가요? 아, 아저씨! 저는 누구보다도 가장 행복해요! 왜냐하면 저는 더 이상 고아원에 있지 않지 않거든요. 누구를 돌보지 않아도 되고, 타자기를 타이프하지 않아도 되고, 회계 장부를 적지 않아도 된다고요(물론, 아저씨가 아니었더라면 저는 그것들을 해야만 했겠지만).

저는 과거의 모든 잘못에 대해 이제 진심으로 반성해요.

립펫 원장님께 경솔하게 굴었던 점 반성해요.

프레디 퍼킨스를 손바닥으로 철썩 때린 것에 대해 진심으로 반성해요.

설탕 통에 소금을 가득 채운 것에 대해 반성해요.

신탁 위원님들 등 뒤에서 인상을 쓴 것에 대해 진심으로 반성해요.

저는 매우 행복하기 때문에 모든 사람들에게 착하고 상냥하며 친절하게 대할 거예요. 그리고 이번 여름 방학 동안에는 훌륭한 작가가 되기 위해 계속해서 글을 쓰기 시작할 거예요. 너무나 높은 목표를 잡은 것은 아닌가요? 아, 저는 아름다운 인성을 갖기 위해 발전시키고 있어요! 인성이란 것은 추위와 서리 아래에서는 상처를 받아 약간 축 늘어지지만, 따뜻한 태양 햇살이 비추면 빠르게 자란답니다. 모든 사람이 그럴 거예요. 저는 역경과 슬픔, 실망이 정신력을 발전시킨다는 이론에 동의하지 않아요. 행복한 사람들만이 다른 이들에게도 친절을 베풀 수 있어요. 저는 염세주의자를 믿지 않아요(아주 좋은 말이죠! 방금 배웠거든요.). 아저씨도 염세주의자는 아니시죠?

캠퍼스에 대해 말씀드리다가 말았네요. 아저씨께서 잠깐이라도 방문해 주신다면 제가 함께 걸으면서 안내해 드리며 말씀드릴 수 있었을 텐데요. 이렇게요.

"아저씨, 저 건물이 도서관이고, 이 설비는 가스 발전소예요, 왼쪽에 있는 고딕 양식의 건물은 체육관이고, 그 옆에 있는 튜더 왕가의 로마네스크 양식의 건물은 새로 지은 양호실이랍니다."

아! 저는 사람들에게 안내하는 데 능숙해요. 저는 고아원에서 계속 그런 일을 해왔고, 여기서도 하루 온종일 안내를 해 본 적도 있어요. 정말이에요.

남자를 안내한 적도 있어요!

그것은 정말 훌륭한 경험이었어요. 저는 이전에 남성과 이야기를 나눈 적이 한 번도 없었거든요(물론 가끔 신탁 위원님과 대화한 것을 제외하고는, 그분들은 남자로서의 의미가 없어요). 용서하세요, 아저씨, 신탁 위원에 대해 비난해서 아저씨의 기분을 상하게 하려는 의도는 아니었어요. 아저씨는 그분들과는 진정으로 다르다고 생각하거든요. 아저씨는 우연히 신탁 위원 이사님이 되신 거예요. 신탁 위원은 원래가 비만이고, 오만하며 자선을 베푸는 사람들이에요. 그들은 고아들의 머리를 쓰다듬으며 금장이 달린 시계 줄을 늘어뜨리고 다니는 그런 사람들이랍니다.

그림은 6월의 딱정벌레처럼 보이지만, 아저씨를 제외한 모든 신탁 위원님들의 초상화예요.

자, 이제 다시 말하자면, 나는 한 남자와 함께 걷고 이야기하며 차를 마시고 있었어요. 그것도 매우 유능한 남자와 함께요. 바로 줄리아 가문의 저비스 펜들턴 씨와 함께였어요. 짧게 말하자면 줄리아의 삼촌(어쩌면 길게 말해야 할 수도 있겠네요. 그분도 아저씨만큼 키가 커요.)이에요. 그분은 사업 때문에 이 도시에 와 있다가, 조카를 만나 보기 위해 대학에 들렀다고 하더라고요. 그분은 줄리아 아버지의 막내 동생으로, 줄리아는 그분을 잘 알지 못하는 것 같아요. 마치 그분은 줄리아가 아기였을 때 한 번 힐끔 보고, 마음에 들지 않다고 생각해서 그런지 그 이후로는 줄리아에 대해 전혀 신경 쓰지 않았던 것 같아요.

어쨌든 그분은 모자와 지팡이, 장갑을 옆에 두고 접수실에 매우 정중하게 앉아 계셨어요. 그런데 줄리아와 샐리가 7교시의 발표 준비를 하느라 빠질 수가 없었던 거예요. 그래서 줄리아는 제 방으로 급히 들어와 그분을 캠퍼스 구경을 안내해 준 다음, 7교시가 끝나면 자기에게 모셔다 달라고 간청하더라고요. 저는 불만 없이 그러겠다고 대답했지만, 그다지 탐탁치는 않았어요. 저는 펜들턴 가문을 별로 좋아하지 않거든요.

그런데 그분을 막상 대해보니 아주 다정하신 분이셨어요. 그분은 진정 인간적인 분이셨어요. 전혀 펜들턴 가문의 사람 같지 않은. 우리는 즐거운 시간을 보냈어요. 그 이후로 나는 삼촌이 있었으면 하는 바람이 생겼어요. 아저씨가 제 삼촌이 되어 주실 수 있으신가요? 저는 삼촌이 할머니보다 훨씬 좋을 것 같다는 생각이 드네요.

펜들턴 씨가 아저씨의 20년 전 모습과 조금은 비슷하지 않을까 생각했어요. 비록 아저씨를 한 번도 만나본 적은 없지만, 아시다시피, 저는 아저씨를 잘 알고 있는 것 같은 느낌이거든요.

펜들턴 씨는 키가 크고 마른 편이며 얼굴에는 주름이 많고 어두운 피부색을 가지고 있어요. 입가에 번지는 가장 재미있는 미소는 잘 드러나지는 않지만 입술의 끝을 약간 주름지게 만들어요. 그분은 처음 만난 순간부터 마치 오랫동안 알던 사람처럼 느끼게 만드는 분이랍니다. 그분은 매우 다정하신 분이에요.

우리는 캠퍼스의 사각형 모양의 안뜰에서 운동장까지 이곳저곳을 산책했어요. 그러던 중 그분은 몸이 조금 피곤하신 것 같다며 차를 마셔야겠다고 말씀하셨어요. 그분은 캠퍼스에서 소나무 산책길에서 조금 떨어진 '칼리지 인'으로 가자고 말씀하셨어요. 저는 줄리아와 샐리에게 돌아가야 한다고 말했지만, 그분은 조카들이 차를 너무 많이 마시면, 성격이 예민해 진다고 좋아하지 않는다고 하시더라고요. 그래서 우리는 그냥 나가서 '칼리지 인' 발코니의 아늑한 작은 테이블에서 차와 머핀, 마멀레이드, 아이스크림, 케이크를 즐겼어요. 월말이 되어 그런지 학생들의 용돈이 바닥을 치고 있는 때라 찻집은 아주 한산했어요.

우리는 정말 즐거운 시간을 보냈답니다! 하지만 그분은 학교 캠퍼스로 돌아오자마자 기차를 타기 위해 달려가야 했고, 줄리아를 거의 보는 둥 마는 둥 했어요. 줄리아는 제가 그분을 빼돌렸다고 엄청 화를 내더라고요. 그분은 특별히 부유하고 매력적인 삼촌인 것 같아요. 그분이 부유하다는 사실을 알게 되어 마음이 조금 놓였어요. 차와 그 밖의 것들이 각각 60센트나 나왔거든요.

오늘 아침(지금은 월요일이에요.) 줄리아와 샐리 그리고 저에게 초콜릿이 든 3개의 상자가 특별배송으로 도착했어요. 어떻게 생각하세요? 남자에게서 초콜릿을 받다니요!

나는 더 이상 고아가 아니라 평범한 소녀 같은 기분이 들더라고요.

언젠가 저희 캠퍼스에 오셔서 차를 함께 하시고, 제가 아저씨를 좋아하는지 확인할 수 있었으면 좋겠어요. 그러나 만약 제가 아저씨를 좋아하지 않는다면 얼마나 끔찍할까요? 하지만, 저는 그렇지 않을 거라는 것을 알아요.

잘했어요! 저의 칭찬을 받아주세요.

> "절대 아저씨를 잊지 않을 거예요."
> 주디 올림.

추신: 근데 오늘 아침에 거울을 보다가 전에 본 적 없는 완전 새것 같은 움푹 팬 보조개를 발견했어요. 정말 신기하죠. 이건 어디서 생긴 걸까요?

6월 9일

키다리 아저씨께

행복한 하루예요! 저는 방금 마지막 시험인 생리학 시험을 끝냈어요.

그리고 이제 농장에서 보낼 3개월!

저는 농장이 어떤 종류의 장소인지 잘 몰라요. 저는 한 번도 농장을 가본 적이 없거든요. 농장을 한 번도 바라본 적도 없어요 (차 창밖에서 본 것 외에는). 그러나 제가 농장을 사랑하게 될 것 같아요. 농장에서 자유로운 삶을 사랑하게 될 것임을 알게 될 것 같아요.

저는 아직도 존 그리어 고아원 밖의 생활이 익숙하지 않아요. 고아원에서의 생활을 생각할 때마다 전율이 제 등줄기를 타고 오르내려요. 저는 립펫 원장님이 저를 잡으려고 팔을 뻗고 뒤쫓고 있지 않은지 확인하기 위해 계속 뒤를 돌아보면서 점점 더 빨리 달려야 할 것 같은 기분이 드네요.

이번 여름에는 누구에게도 신경 쓸 필요가 없겠죠. 그죠?

아저씨의 권위는 명목상이니까 저에게는 전혀 방해가 되지 않아요. 아저씨는 저에게 해를 끼칠 만큼 가까이 있지 않으니까요. 립펫 원장님은 저에게는 영원히 죽은 분이랍니다. 샘플 씨의 가족이 제 도덕적 복지를 걱정할 것이라고는 기대하지 않는데, 맞죠? 아니에요. 분명히 그렇지 않아요. 저는 완전히 어른으로 성장했거든요. 만세!

저는 지금 여행 가방을 정리하고 찻주전자, 식기 및 소파 쿠션, 책을 정리해서 3개의 상자에 담아야 해요.

아저씨의 영원한
주디 올림.

추신: 생리학 시험지를 동봉해 보내요. 아저씨라면 합격할 수 있을 거라고 생각하세요?

록 윌로우 농장에서
토요일밤
키다리 아저씨께

저는 방금 도착했으며 짐을 아직 풀지 못했지만, 이 농장이 얼마나 좋은지 말씀드리고 싶어 견딜 수가 없어요. 이곳은 천국 같은, 천국 같은, 천국 같은 장소예요! 집은 이렇게 정사각형으로 네모나게 생겼어요.

'오래된' 집이에요. 대략 백 년 정도쯤 된 집인 것 같아요. 제가 그린 그림에는 없지만 측면에 베란다가 있고, 앞에는 사랑스러운 (건물 입구에 지붕이 얹혀 있고 흔히 벽이 둘러진) 현관이 있어요. 이 그

림은 실제로 그 집의 아름다움을 제대로 표현하지 못하고 있네요. 깃털 먼지 털이처럼 보이는 것들은 단풍나무이고, 진입로를 둘러싸고 있는 가시가 있는 나무들은 소나무와 솔송나무예요. 이 집은 언덕의 정상에 자리 잡고 있으며, 훨씬 더 긴 거리에 걸쳐 펼쳐진 초록 초원의 너머로 또 다른 언덕들을 바라보고 있어요.

그것이 다른 주와 다른 코네티컷 주만의 방식이며, 마셀의 파마처럼 언덕들이 이어지고 있어요. 그리고 록 윌로우 농장은 그 파도 중 하나의 정점에 위치하고 있어요. 헛간들이 한때 길 건너편에 있었고, 그것들이 경치를 가로막고 있었지만, 하늘에서 친절하게도 번개가 쳐서 그 헛간들을 태워버렸어요.

농장의 식구는 샘플 부부와 고용된 소녀 한 명과 두 명의 남성이 있어요. 고용된 사람들은 주방에서 식사를 하고, 샘플 부부와 저는 식당에서 식사를 해요. 우리는 저녁으로는 햄, 계란, 비스킷, 꿀, 젤리 케이크, 파이, 피클, 치즈, 그리고 차를 즐겼어요. 그리고 많은 대화가 오갔어요. 제 인생에서 이렇게 유쾌했던 적은 없었어요. 제가 말하는 모든 것이 재미있게 들리는 것 같아요. 아마도 그렇겠지요, 왜냐하면 저는 이전에 시골에 가본 적이 없기 때문에, 제가 하는 질문들이 전반적으로 무지를 바탕으로 하고 있기 때문일 거예요.

첫 번째 그림에서 × 표시한 것은 살인이 발생한 장소가 아니라 제가 숙식하고 있는 방이에요. 그 방은 크고 정사각형이며 비어 있고, 매력적인 구식 가구와 막대기로 지탱해야 하는 창문이 있으며 건드리기만 해도 떨어질 것 같은 금색으로 장식된 녹색 차양이 있어요. 그리고 큰 정사각형 마호가니 테이블이 있는데, 저는 그 위에 팔꿈치를 쭉 펴고 소설을 쓰며 여름을 보낼 예정이에요.

아저씨, 정말 기대가 커요! 날이 밝아지기를 기다릴 수가 없어요. 지금은 저녁 8시 30분이고, 저는 곧 제 촛불을 끄고 잠자리에 들려고 해요. 우리는 새벽 5시에 일어날 거예요. 이렇게 재미있는 일이 있었던 적이 있으세요? 이곳에 있는 제가 정말 주디라는 것이 믿기지 않아요. 아저씨와 자비로운 주님께서 저에게 제가 받을 만한 것 이상을 주셨어요. 제가 정말, 정말, 정말 좋은 사람이 되어 그에 대한 보답을 해야 할 것 같아요. 그렇게 될 거예요. 보게 되실 거예요.

안녕히 주무세요,
주디 올림.

추신: 개구리의 개굴개굴 노래 소리와 새끼 돼지들의 꽥꽥 비명 소리를 꼭 들어보시기 바랄게요. 그리고 초승달을 보셔야 해요! 저는 초승달을 제 오른쪽 어깨 너머로 보았어요.

록 윌로우 농장에서
7월 12일
키다리 아저씨께

아저씨의 비서가 록 윌로우 농장에 대해 어떻게 알게 되었는지요? (이것은 수사적 질문이 아니에요. 진짜로 매우 궁금해요.) 잠시 들어보세요. 저비스 펜들턴 씨가 이 농장을 소유하고 있었지만, 이제 그는 그의 오랜 유모인 샘플 부인에게 이 농장을 양도했다는 군요. 이런 재미있는 우연의 일치에 대해 들어본 적이 있으신가요? 샘플 부인은 여전히 그를 '저비 주인님'이라고 부르며 그가 어린 시절에 얼마나 사랑스러운 작은 소년이었는지에 대해 이야기해요. 샘플 부인은 저비스 펜들턴 씨의 아기 때 머리카락 중 하나를 상자에 보관하고 있으며, 그것은 빨간색이거나 적어도 빨간빛이 나요!

샘플 부인은 제가 저비스 펜들턴 씨와 친분이 있다는 사실을 알게 된 후, 그녀의 머릿속에서 저를 매우 높게 평가를 하게 된 것 같아요. 펜들턴 가문의 일원을 아는 것은 록 윌로우 농장에서는 가장 훌륭한 소개가 될 수 있어요. 그리고 그 가문의 가장 뛰어난 인물은 저비 주인님이에요. 저는 줄리아가 펜들턴 가문의 열등한 가지에 속한다는 점을 말씀드리게 되어 기뻐요.

농장은 점점 더 재미있어지고 있어요. 저는 어제 건초 우마차를 탔어요. 농장에는 세 마리의 큰 돼지와 아홉 마리의 작은 새끼 돼지들이 있는데, 그들이 먹는 모습을 한번 보셨어야 해요. 정말 돼지들이예요! 농장에서는 수많은 병아리와 오리, 칠면조, 그리고 뿔닭들을 키우고 있어요. 농장에서 살 수 있는데도 굳이 도시에 나가서 살고 있는 사람들은 정말 미친 것이 아닐까요?

저는 매일 달걀을 거두어들이는 일을 해요. 어제, 검은 암탉이 숨겨 놓은 둥지에 있는 달걀을 가지러 기어가려다가 헛간 위층 다락의 기둥에서 떨어졌어요. 그렇게 무릎이 긁힌 채로 집으로 들어갔다가, 샘플 부인이 나의 긁힌 곳을 보고 하마메리스(피부 상처 치료용 액체)를 발라 주시면서 계속 중얼거렸어요. "오, 어머나! 저비 주인님도 바로 그 기둥에서 떨어져서 무릎을 긁혔던 게 어제 같은데요."

이곳의 경치는 절말 아름다워요. 계곡과 강이 있으며, 많은 나무가 우거진 언덕들이 있어요. 그리고 멀리서는 입 안에서 살살 녹는 듯한 높고 푸른 산이 보여요.

농장에서는 일주일에 두 번 버터를 만들며, 크림은 시냇물이 흐르는 돌로 만들어진 저장소에 보관해요. 이 지역의 일부 농민들은 분리기를 가지고 있지만, 록 윌로우 농장은 이러한 현대적인 기계를 사용하지 않아요. 팬에서 떠오른 크림을 처리하는 것이 조금 더 힘들 수는 있지만, 그래도 돈으로 구입하는 것보다 더 충분한 가치가 있어요. 농장에는 송아지가 여섯 마리 있는데, 저는 그들 모두의 이름을 지어주었어요.

1. 실비아: 숲에서 태어났기 때문이에요.
2. 레스비아: 로마의 서정시인 카툴루스의 시에 나오는 레스비아를 따랐어요.
3. 샐리
4. 줄리아: 별로 특별하지 않은 평범한 얼룩송아지
5. 주디: 제 이름을 따랐어요.
6. 키다리 아저씨: 괜찮으시죠, 아저씨? 그 송아지는 순수한 저지 출신이며 성격이 아주 온순해요. 이름이 얼마나 적절한지 알 수 있으실 거예요. 그 송아지는 이렇게 생겼답니다.

저는 아직 저만의 불멸의 소설을 시작할 수가 없어요. 농장 일
이 저를 너무 바쁘게 만들거든요.

언제나 아저씨의

주디 올림.

추신1: 도넛을 만드는 방법을 배웠어요.

추신2: 만약 아저씨가 닭을 키울 생각이 있으시다면, 버프 오
핑턴을 추천해요. 깃털이 하나도 없거든요.

추신3: 어제 제가 휘젓고 만든 신선한 버터 한 덩이를 보내드
릴 수 있었으면 좋겠어요. 저는 이제 훌륭한 낙농업자예요!

추신4: 이 그림은 미래의 위대한 작가인 제루샤 애벗 양이 소
를 몰고 집으로 돌아가는 모습이랍니다.

7월 12일
키다리 아저씨께

재미있지 않나요? 제가 어제 오후에 아저씨께 편지를 쓰기 시작했지만, 제목인 '키다리 아저씨께'까지만 쓰고 나서 저녁식사 때 먹을 블랙베리를 따기로 약속한 것을 기억하고, 제목만 쓴 채로 떠나버렸어요. 그래서 그 종이를 테이블 위에 그대로 두고 나갔어요. 그리고 오늘 돌아왔을 때, 종이 중앙에 무엇이 있었는지 아시겠어요? 진짜 다리 긴 친구인 장님거미가 있었어요!

나는 장님거미의 다리 하나를 매우 조심스럽게 집어올린 후, 창밖으로 떨어뜨렸어요. 나는 장님거미 중 한 마리도 상처 입히고 싶지 않아요. 장님거미들은 항상 아저씨를 떠올리게 하거든요.
오늘 아침 우리는 우마차를 연결하고 예배를 드리러 교회로 향했어요. 교회는 첨탑과 앞에 세 개의 도리스 기둥 또는 이오니아 기둥이 있는 사랑스러운 흰색 뼈대가 있는 교회랍니다(사실 저는 항상 두 가지를 혼동해요.).

모두가 꾸벅꾸벅 졸린 상태에서 종려나무 잎으로 만든 부채로 졸며 흔들면서 생기 없고 조용한 설교를 들었어요. 목사님의 목소리 외에는 나뭇가지에 있는 메뚜기의 윙윙거리는 소리만이 들리는 상황이었어요. 정신을 차리기까지는 시간이 걸렸고, 어느 새 내가 일어나서 찬송가를 부르고 있었어요. 그때야 설교를 듣지 못한 것이 후회스러웠어요. 이런 찬송가를 선택한 사람의 심리를 이해할 수가 없어요. 이것이 바로 그 찬송가예요.

오라, 쾌락과 세속적인 쓸모없는 것들을 내려놓고
나와 함께 천국의 즐거움에 참여해.
아니면, 친애하는 친구여, 긴 작별인사를 해야 할 거야.
나는 지금 네가 지옥에 떨어진대도 내버려 두리.

저는 샘플 가족과 종교에 대해 논의하는 것은 안심할 수 없다는 것을 알았어요. 샘플 가족이 믿는 신(먼 옛날 청교도 조상에게서 고스란히 물려받은)은 협소하고 비합리적이며 불공정하고 비열하며 복수심이 강하고 편견이 있는 인물이에요. 저는 누군가로부터 신을 물려받지 않아서 감사할 따름이에요! 저는 자연스럽게 원하는 대로 저만의 신을 만들 수 있어요. 저만의 신은 친절하고, 동정심이 있으며, 상상력이 풍부하고, 용서하며, 이해심이 깊고, 유머 감각도 가지고 계시거든요.

저는 샘플 가족을 엄청나게 좋아해요. 그들의 실행력은 이론을 훨씬 능가해요. 샘플 가족이 믿는 신보다 더 나아요. 제가 이렇게 말씀드렸더니 그들은 무지 곤란해 하시네요. 그들은 제가 신성을 모독한다고 생각해요. 저도 그렇다고 생각해요! 우리의 대화에서 이제는 신학을 배제했답니다.

오늘은 일요일 오후랍니다.

아마사이(고용된 남성)는 보라색 넥타이에 밝은 노란색 부드러운 가죽 장갑을 끼고, 매우 붉은 얼굴을 깔끔히 면도한 모습으로, 큰 붉은 장미가 장식된 모자와 파란 색의 모슬린 드레스를 입고, 머리카락은 최대한 촘촘하게 웨이브를 넣은 캐리(고용된 여성)와 함께 방금 떠났어요. 아마사이는 아침 내내 마차를 닦았고, 캐리는 저녁을 요리하기 위해 교회에 가지 않았다고는 하지만, 실제로는 모슬린 드레스를 입기 위해 다리려고 집에 남아 있었어요.

이 편지를 끝내는 데 그리 오래 걸리지는 않을 것 같아요. 그후에 저는 다락방에서 찾아낸 책 한 권을 읽기 위해 자리에 앉을 거예요. 그 책의 제목은《길 위에서》이며, 책의 첫 페이지에는 귀여운 어린 소년의 손 글씨로 이렇게 적혀 있어요.

이 책이 어디를 돌아다니면, 귀를 때려서 집으로 보내주세요.
저비스 펜들턴

저비스 펜들턴 씨는 11살 때쯤 아프고 난 후 여름을 여기서 보냈으며, 그때《길 위에서》라는 책을 여기에 남겼어요. 그 책을 얼마나 많이 읽었는지, 그의 작은 손자국이 여러 곳에 자주 보여요! 또한 다락방 한쪽에는 물레바퀴와 풍차, 그리고 활과 화살이 몇 개 정도 있어요. 샘플 부인이 저비 주인님에 대해 끊임없이 이야기 하셔서, 나는 저비스 씨가 정말 여기에 살아있는 것처럼 느껴지기 시작했어요. 실크 모자와 지팡이를 가진 사람 즉 어른이 아니고, 멋지고 더럽고 헝클어진 머리를 가진 소년이 말이죠. 저비스 씨는 엄청나게 시끄러운 소음을 내며 계단을 오르고, 방충망 문을 열 어놓기도 하며, 항상 쿠키를 달라고 해요(제가 아는 샘플 부인은 아마 도 항상 쿠키를 주었을 거예요!). 그는 모험심이 많은 용감하고 진실한 영혼을 가진 사람인 것 같아요. 그가 펜들턴 가문이라는 사실이 안타까워요. 그는 더 나은 가문에서 태어났어야 했는데요.

내일 귀리를 탈곡하기 시작할 예정이에요. 증기 기계가 올 것 이고, 추가로 세 명의 인력이 올 예정이랍니다.

미나리아재비(뿔이 하나뿐인 점박이 암소, 레스비아의 어미)가 수치 스러운 짓을 저질렀다는 것을 말하게 되어 마음이 아파요. 미나 리아재비가 금요일 저녁에 과수원에 들어가 나무 아래에서 사과 가 머리에 닿을 때까지 먹고 또 먹었어요. 그리고는 이틀 동안 완 전히 뻗어 있었어요! 이것이 제가 말하는 진실이에요. 이렇게 수 치스러운 사건을 들어본 적이 있으신가요?

여전히 아저씨의 애정 어린 고아
주디 애벗 올림.

추신: 첫 번째 장에는 인디언들이 두 번째 장에는 노상강도들이 나와요. 나는 숨을 죽여요. 세 번째 장에는 무엇이 있을까요? '6미터가 넘는 공중으로 올라갔다가 땅에 떨어진 붉은 매' 이것이 제목의 주제예요. 주디와 저비 주인님은 서로 재미있게 지내고 있죠?

9월 15일
아저씨께

저는 어제 코너스에 있는 일반 상점의 밀가루 저울에 제 몸무게를 재봤어요. 저는 4킬로그램이나 쪘어요! 건강 리조트로 록 윌로우 농장을 추천 드려요.

아저씨의 영원한
주디 올림.

9월 25일

키다리 아저씨께

저를 보십시오. 이제 2학년이랍니다! 저는 지난주 금요일에 학교 기숙사로 돌아왔어요. 록 윌로우 농장을 떠나게 되어 아쉽지만, 캠퍼스를 다시 보게 되어 기뻐요. 익숙한 장소로 돌아오는 것은 즐거운 일이에요. 저는 이제 대학에서 점차적으로 익숙함을 느끼고 있으며, 상황에 따라 적절히 대처할 수 있다는 느낌을 받고 있어요. 사실, 저는 세상에서 제 자리를 찾고 있는 것처럼 느껴지고 있어요. 마치 단순히 관찰자로 있는 것이 아니라 세상의 일원으로 존재하고 있는 것 같은 느낌말이에요.

아저씨가 지금 내가 말하려고 하는 것을 거의 이해하지 못할 수도 있다고 생각해요. 신탁 위원이라는 위치에 있는 중요한 사람이 고아 같은 하찮은 사람의 감정을 이해할 수 없을 거예요.

이제 아저씨, 이 그림을 보세요. 제가 누구와 함께 방을 쓰고 있다고 생각하세요? 샐리 맥브라이드와 줄리아 러틀리지 펜들턴이에요. 사실이에요. 우리는 공부방과 세 개의 작은 침실이 있어요. 자, 보세요!

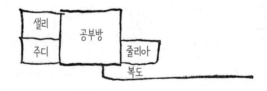

샐리와 저는 지난봄에 방을 함께 쓰기로 결정하였고, 줄리아는 샐리와 함께 지내기로 마음을 정했어요. 왜 그런지 저는 도저히 상상할 수가 없습니다만, 줄리아와 샐리는 전혀 비슷한 면이 없거든요. 하지만 펜들턴 가족은 본래 보수적이며 변화에 적대적인(적절한 말이죠!) 경향이 있어요. 어쨌든 우리들은 같은 방을 쓰고 있어요. 존 그리어 고아원 출신의 제루샤 애벗이 펜들턴 가문과 함께 방을 쓴다는 것을 생각해 보세요. 우리나라는 정말로 민주적인 나라라니까요.

샐리가 학년 대표에 출마했어요. 모든 징후로 보아 샐리는 당선될 것 같아요. 이런 음모의 분위기-우리가 얼마나 정치적인 존재인지 보셔야 해요! 아저씨, 제가 말씀드릴 것은, 우리 여성이 선거권을 확보하게 되면, 여러분 남성들은 자신들의 권리를 지키기 위해 긴장해야 할 거예요. 선거는 다음 주 토요일에 있고요, 누가 뽑히든지 간에 저녁에 횃불 행진을 할 예정이랍니다.

저는 화학을 배우기 시작했어요. 화학이란 매우 특이한 학문이에요. 이전에는 이런 것들을 본 적이 없거든요. 분자와 원자가 주로 사용되는 물질이지만, 다음 달쯤에 그것들에 대해 더욱 명확하게 얘기할 수 있을 것 같아요.

저는 또한 논증과 논리학에 대해 배우고 있어요.

또한 전 세계의 역사도 배워요.

또한 윌리엄 셰익스피어의 다른 희곡들도 배워요.

또한 프랑스어도 배워요.

이렇게 계속 배워나간다면 앞으로 여러 해가 지나면 저는 아주 똑똑해질 거예요.

저는 프랑스어 대신 경제학을 선택하는 것이 더 나았을 것이라고 생각하지만, 프랑스어를 다시 선택하지 않으면 교수님이 저를 낙제시키지 않을까 하는 두려움 때문에 감히 선택하지 않을 수 없었어요. 결과적으로, 나는 지난 6월 프랑스어 시험에서 가까스로 합격할 수 있었거든요. 그렇지만 나는 이 결과가 고등학교 시절에 제대로 공부할 시간이 충분하지 않았다고 말씀 드리고 싶어요.

한 여학생이 있었는데, 그녀는 강의 시간에 영어만큼이나 빠르게 프랑스어로 수다를 떨어요. 그 여학생은 어릴 때 부모님과 함께 프랑스로 나가, 수녀원에 있는 학교에서 3년을 보냈다고 해요. 그 여학생은 우리와 비교할 수 없을 정도로 확실한 실력 차이를 보여요. 불규칙 동사들은 그 여학생에게는 단순한 장난감에 불과하답니다. 제가 어렸을 때 부모님이 나를 고아원이 아닌 프랑스 수도원에 버렸다면 좋았을 텐데요. 아! 아뇨! 그렇게 되면 아마도 아저씨를 알지 못했을지도 모르잖아요. 나는 프랑스어보다 아저씨를 아는 것이 더 좋아요.

안녕히 계세요, 아저씨. 지금 해리엇 마틴을 만나야 해요. 화학 상황에 대해 논의한 후, 다음 학년 대표 선거에 관한 몇 가지 저의 생각을 자연스럽게 전달하려고 해요.

정치하고 있는
주디 애벗 올림.

10월 17일

키다리 아저씨께

체육관의 수영장이 물이 아닌 레몬 젤리로 가득 차 있다면, 수영하려는 사람이 수면 위에 떠 있을 수 있을까요, 아니면 가라앉을까요?

우리는 디저트로 레몬 젤리를 먹다가 그 얘기가 나왔어요. 우리는 그에 대해 30분 동안 열띤 논의를 했지만 여전히 결론이 나지 않았어요. 샐리는 자신이 그 안에서 수영할 수 있다고 생각하지만, 저는 세계 최고의 수영자라도 가라앉을 것이라고 믿어요. 레몬 젤리 속에서 익사한다면 아마도 좀 우습지 않을까요?

우리 테이블의 관심을 끌고 있는 두 가지 다른 문제가 또 있어요.

첫째로, 팔각형 집의 방은 어떤 형태를 하고 있을까요? 일부 학생들은 방이 정사각형이라고 주장하지만, 저는 그것들이 파이 조각 형태일 것이라고 생각해요. 아저씨는 어떻게 생각하세요?

둘째로, 만약 거울로 만들어진 크고 텅 빈 구체가 있고 아저씨가 그 안에 앉아 있다고 가정해 보세요. 구체가 아저씨의 얼굴을 반사하는 지점은 어디에서 시작하여 당신의 등 쪽을 반사하기 시작할까요? 이 문제는 깊이 고민할수록 더욱 혼란스러워져요. 우리들이 여가 시간에 얼마나 깊은 철학적인 사고에 몰두하고 있는지를 알 수 있으시겠죠!

제가 선거에 대해 말씀드린 적이 있나요? 그것은 3주 전의 일이지만, 제 삶이 이토록 빠르게 흘러갈 줄은 몰랐어요. 3주라는 시간이 무지 오래된 것 같아요. 샐리가 선출되었고, "영원히, 맥브라이드"라는 투명한 문구가 적힌 현수막과 함께 횃불 행사가 열렸으며, 14명으로 구성된 밴드(3개의 하모니카와 11개의 빗으로 이루어진)가 참여했어요.

우리는 이제 "258호"에서 매우 중요한 인물이 되었어요. 줄리아와 저는 많은 반사 이익을 누리고 있어요. 학년 대표와 같은 집에서 산다는 것은 상당한 사회적 부담이 따르기 마련이에요.

안녕히 주무세요, 존경하는 아저씨.
제 인사를 받아주세요, 매우 존경하는
아저씨의 주디 올림.

11월 12일

키다리 아저씨께

어제 우리는 신입생들과 농구 시합을 해서 승리했어요. 물론 기쁘게 생각합니다만, 우리가 3학년 학생들을 이길 수 있었다면! 그렇다면 전 온 몸이 멍이 들고 한 주간 하마메리스를 바르고 압박 붕대를 하며 침대에 누워 있어야 한다고 해도 할 용의가 있어요.

샐리가 저를 크리스마스 방학 동안 함께 보내자고 초대를 했어요. 샐리는 매사추세츠 주의 우스터에 살고 있어요. 샐리의 배려가 참 고맙지 않나요? 가는 것이 정말 기대돼요. 제 삶에서 일반 개인 가정은 방문해 본 적이 없었거든요. 물론 록 윌로우 농장을 제외하고요, 샘플 가정은 이미 어른들이고 나이가 많으셔서 의미가 없거든요. 하지만 샐리 맥브라이드 가정은 아이들이 가득한 집(어쨌든 두세 명)은 물론, 부모님과 할머니, 그리고 애완동물인 앙고라 고양이도 있어요. 아주 완벽한 가족을 이루고 있다니까요! 짐을 싸고 기숙사를 떠나는 것은 남아 있는 것보다 훨씬 더 재미있어요. 저는 이런 기회가 주어진데 대해 정말로 흥분된답니다.

7교시예요. 저는 리허설에 가야 한답니다. 추수감사절 연극에 출연하게 되었거든요. 벨벳 튜닉(엉덩이 위까지 내려오는 여성용 상의)과 노란 곱슬머리를 가진 탑 속에 있는 왕자 역할이에요. 참 재미있지 않을까요?

토요일

아저씨는 제가 어떻게 생겼는지 알고 싶지 않으신가요? 편지에
동봉해서 레오노라 펜튼이 찍은 세 사람의 사진이 있어요.

웃고 있는 밝은 사람이 샐리고, 코를 치켜든 키 큰 사람은 줄리
아며, 바람에 머리카락이 날리고 있는 작은 사람이 바로 주디랍
니다. 사실은 사진보다는 훨씬 더 예쁜데, 햇빛이 눈을 부시게 해
서 사진이 이렇게 나왔네요.

매사추세츠 주 우스터의 '스톤 게이트'에서

12월 31일
키다리 아저씨께

저는 전에 크리스마스의 용돈을 주신데 대한 감사의 말씀을
드리기 위해 아저씨께 편지를 쓰려고 했으나, 맥브라이드 가정에
서는 바쁜 일상이 계속되고 있어 책상에 앉아 2분 이상 책상에

서 시간을 보낼 수가 없었어요.

새로운 드레스를 구매했어요. 딱히 필요하지는 않았지만 원했던 드레스에요. 올해 크리스마스 선물은 키다리 아저씨로부터 받은 것이고요, 가족은 딱 사랑만 보냈네요.

저는 샐리 가정을 방문하며 가장 아름다운 휴가를 보내고 있어요. 샐리는 거리에서 다소 멀리 떨어진 고풍스러운 벽돌집에 살고 있어요. 흰색 테두리 장식이 돋보이는 집이랍니다. 과거에 존 그리어 고아원에 있을 때 호기심 어린 눈으로 바라보던 바로 그런 집이에요. 그 안이 어떨지 제 눈으로 볼 수 있으리라고는 기대도 하지 않았는데, 지금 제가 그 집에 있네요! 모든 것이 매우 편안하고 휴식이 되며 제 집과 같은 느낌이에요. 저는 이 방에서 저 방으로 걸어 다니며 가구들을 구경하고 있어요.

아이들이 자라기에 가장 완벽한 집이에요. 숨바꼭질을 할 수 있는 그늘진 구석, 팝콘을 만들기 위한 오픈 벽난로, 비 오는 날에는 뛰어놀 수 있는 다락방, 아래쪽에 편안하고 평평한 손잡이가 있는 미끄러운 난간, 넓고 햇살 가득한 주방, 13년 동안 가족과 함께 살아온 아이들에게 빵을 구워줄 수 있도록 반죽의 조각을 항상 남겨두는 기분 좋은 햇살 같은 뚱뚱한 요리사가 있는 집이에요. 이런 집을 한 번만 마주쳐도 다시 어린 시절로 돌아가고 싶어지는 그런 기분이 들어요.

샐리의 가족에 관해서는! 그들이 이렇게 좋을 수 있다는 것은 꿈에도 생각하지 못했어요. 샐리네 가족은 아버지와 어머니, 그리고 할머니가 있으며, 정말 귀여운 곱슬머리를 한 세 살 난 여동생이 있고, 항상 발을 닦는 것을 잊어버리는 보통 체구의 남동생이 있으며, 그리고 마지막으로 프린스턴대학교 3학년인 잘 생긴 큰 오빠 지미가 있어요.

우리는 식사 테이블에서 가장 즐거운 시간을 보내요. 테이블에서 모든 사람이 동시에 웃고, 농담하고, 대화하며, 우리는 미리 감사의 기도를 할 필요가 없어요. 매번 먹는 식사에 대해 누군가에게 매번 감사할 필요가 없다는 것은 안도감이 들어요(제가 신성을 모독하고 있다고 감히 말할 수도 있습니다만 아저씨도 저처럼 강요에 의한 감사의 기도를 드려야 했다면 저와 같을 거예요.).

우리가 그간 한 일들이 너무도 많아서 어떤 것을 먼저 말씀드려야 할 지 시작할 수조차 없어요. 맥브라이드 씨는 한 공장을 경영하고 있으며, 크리스마스이브에 직원들의 자녀를 위해 크리스마스트리를 준비했어요. 그것은 기다란 포장 작업실에 있었고, 상록수와 호랑가시나무의 뾰족한 가시가 돋아 있는 잎으로 장식되어 있었어요. 지미 맥브라이드는 산타클로스 복장을 하고 있었고, 샐리와 저는 지미가 선물을 나누어 주는 것을 도왔어요.

나의 존경하는 아저씨, 그 당시에는 미묘한 감각이었어요! 저는 존 그리어 고아원의 신탁 위원처럼 자애로운 기분이었어요. 저는 얼굴이 끈적거리는 한 귀여운 작은 소년에게 부드러운 입맞춤을 했지만, 그들 중 누구도 머리를 쓰다듬어 주지는 않았던 것 같아요!

그리고 크리스마스 이틀 후, 샐리 가족은 '저'를 위해 무도회를 열어주었어요.

제가 진짜 처음으로 참석했던 무도회였어요. 대학 생활에서의 여학생끼리 춤추는 것은 포함되지 않아요. 저는 새로운 하얀 이브닝드레스를 입었고(아저씨의 크리스마스 선물이었죠. 대단히 감사해요.), 긴 하얀 장갑과 하얀 새틴 실내화를 신었어요. 저의 완벽하고도 절대적인 행복 중에서도 아쉬운 유일한 것은 립펫 원장님이 제가 지미 맥브라이드와 함께 스텝이 복잡한 댄스를 추고 있는 모습을 볼 수 없었다는 점이었어요. 다음번에 존 그리어 고아원에 방문하실 때, 립펫 원장님에게 이 이야기를 꼭 전해 주세요.

아저씨의 영원한
주디 애벗 올림.

추신: 아저씨, 제가 장래에 위대한 작가가 되지 못하고 평범한 소녀로 남게 된다면, 매우 실망하실까요?

토요일 오전 6시 30분
아저씨께

오늘 우리는 마을 시내로 걸어가기 시작했는데, 정말 억수같이 많은 비가 내렸어요! 저는 겨울에 비가 아닌 눈으로 겨울답게 오는 것이 좋아요.

줄리아의 매력적인 삼촌이 오늘 오후 다시 전화를 걸어왔고, 2킬로그램이 넘는 초콜릿 상자를 가져왔어요. 줄리아와 함께 지내니 이런 좋은 점도 있네요.

우리의 순진한 수다가 그분을 즐겁게 해드린 것 같아요. 그분은 기차 시간까지 늦추면서 우리의 공부방에서 차를 함께 마셨답니다. 여자들만 사는 기숙사다보니 그분의 출입 허가를 받는 데 정말 많은 어려움을 겪었어요. 아버지와 할아버지를 모시는 것만으로도 쉽지 않은데, 삼촌의 출입 허가를 받는다는 것은 그보다 한 단계 더 힘들어요. 남자 형제와 사촌은 거의 불가능해요. 줄리아는 그분이 자기의 삼촌이라는 것을 공중인 앞에서 맹세해야 했고, 그 후에 군 서기의 증명서를 첨부해야 했어요(내가 법률에 대해 매우 잘 아는 건 아닌가 싶네요?). 그리고 그때에도 학장이 유능하고 젊어 보이는 저비스 삼촌을 만나보았다면 차를 마실 수 있었을지 좀 의심스럽기는 해요.

어쨌든 우리는 갈색 빵으로 만든 스위스 치즈 샌드위치를 먹었어요. 그분은 샌드위치를 만드는 데 도움을 주었고, 그리고 샌드위치 네 쪽이나 드셨어요. 저는 그분에게 지난여름에 록 윌로우 농장에서 샘플 가족과 말, 소, 닭에 대한 아름답고 수다스러운 시간을 보냈다는 이야기를 했어요. 그분이 알고 있던 모든 말들은 죽었지만, 마지막 방문 당시 아기 망아지였던 그로버는 살아 있어요. 그렇지만 불쌍한 그로버는 지금 매우 늙어 풀밭을 절룩거리며 돌아다니고 있어요.

그분은 샘플 가족이 여전히 식료품 저장소의 가장 아래 선반에 노란 도기 그릇에 도넛을 보관하고 파란 접시로 덮어 두고 있는지 물었어요. 그들은 그렇게 보관하고 있어요! 또한 그분은 밤 풀밭의 바위 더미 아래에 여전히 마멋(유럽·아메리카산 다람쥣과의 설치 동물)의 구멍이 있는지 궁금해 했어요. 구멍이 있고말고요! 아마사이는 이번 여름에 그곳에서 크고 통통한 회색 마멋을 잡았답니다. 이는 저비 주인님이 어린 소년이었을 때 잡은 마멋의 25번째 증손쯤 될 듯해요.

저는 그분을 '저비 주인님'이라고 불렀지만, 그분은 그다지 불쾌해하는 기색이 없었어요. 줄리아는 그가 이렇게 친절한 모습을 처음 보았다고 하더군요. 그분은 보통은 꽤 다가가기 힘든 인물이랍니다. 하지만 줄리아는 조금도 재치가 없어서 그런 거예요. 제가 느끼기로는 남자들은 많은 합의가 필요해요. 남자들은 올바른 방식으로 대해주면 두 손 등을 맞비비며 기분이 좋은 목소리로 말하고, 그렇지 않으면 분노·경멸의 표시로 침을 뱉어요(그리 우아한 비유는 아니네요. 비유적으로 말씀드리는 것이에요.).

우리는 마리 바시키르체프(1858년~1884년, 우크라이나 폴타바 출생. 페미니스트 정기 간행물 기고활동, 우크라이나 여류화가, 조각가)의 일기를 읽고 있어요. 정말 놀랍지 않습니까? 다음을 들어보세요. "어젯밤 나는 탄식으로 표현된 절망의 발작에 사로잡혀 결국 식당의 시계를 바다에 던져버렸다."

저는 천재가 아니기를 바랄게요. 천재들을 곁에 두는 것은 매우 피곤할 것이고, 가구도 끔찍하게 파괴할 수 있을 테니까요.

무척이나 비가 계속 내리고 있네요. 오늘 밤 예배당에 가기 위해서는 헤엄쳐야 할 것 같아요.

아저씨의 영원한

주디 올림.

1월 20일

키다리 아저씨께

아저씨는 유아기 때 요람에 누워있던 사랑스러운 여자 아이를 도둑맞지 않으셨나요?

어쩌면 제가 그 아이일지도 모릅니다! 우리가 소설 속에 있다면, 그것이 결말일 텐데요, 그렇지 않을까요?

근본적으로 자신이 무엇인지 모르는 것은 대단히 괴상하게 여겨지지만, 일종의 흥미롭고 낭만적인 면도 될 수 있어요. 다양한 가능성이 존재하거든요. 어쩌면 저는 미국인이 아닐 수도 있어요. 미국인이 아닌 사람도 많거든요. 저는 고대 로마에서 직계로 내려온 인물일 수도 있고, 혹은 바이킹의 딸일 수도 있어요. 러시아 망명자의 자녀일 수도 있고, 그래서 시베리아 감옥에 갇혀야 할 사람일수도 있어요. 또는 제가 집시일 수도 있겠지요. 아마도 저는 집시일 것 같다는 생각이 들어요. 저는 매우 '정처 없이 돌아다니는' 기질을 가지고 있거든요. 물론 아직까지는 그 기질을 발전시킬 기회를 많이 가지지 못했지만요.

저는 제 경력에 있어서 수치스러운 일로 얼룩진 사건, 즉 제가 쿠키를 훔쳤다는 이유로 고아원에서 도망쳤던 그 사건을 알고 계신가요? 그 사건은 기록에 남아 있어서, 모든 신탁 위원이면 읽어볼 수 있는 무료 자료거든요. 그렇지만 정말로 아저씨라면 무엇을 예상하셨나요? 배고픈 아홉 살짜리 소녀를 식료품 저장실에 남겨 두고 옆에 과자가 들어 있는 통이 있는데 칼을 닦으라고 하고 서는 훌쩍 나가 버렸다가 갑자기 다시 나타난다면, 그 어린 소녀의 입가에 약간의 과자 부스러기가 있는 거는 예상할 수 있는 일이 아닐까요? 그런데 그 어린 소녀의 팔꿈치를 잡아채고 따귀를 때리고, 식사를 마치고 푸딩이 나올 때 떠나게 하면서, 다른 아이들에게 그녀가 도둑질을 해서 푸딩을 못 먹게 하는 거라고 말한다면, 그 어린 소녀가 도망칠 것이라고 예상할 수 있지 않을까요?

저는 겨우 6킬로미터 정도 도망쳤을 뿐이에요. 저를 붙잡아 고아원으로 되돌려 보냈고, 일주일 동안 매일 다른 아이들이 휴식 시간에 나가 놀고 있는 동안에, 저는 뒷마당의 기둥에 마치 장난꾸러기 강아지처럼 묶여 있어야 했어요.

아, 저런! 예배당 종소리가 들리네요. 그리고 예배 후에는 위원회 회의가 있어요. 이번에는 아주 재미있는 편지를 쓰고 싶었었는데, 죄송해요.

안녕히 계세요.
친애하는 아저씨에게 평화가 깃들기를!
주디 올림.

추신: 제가 완벽하게 확신하는 한 가지가 있어요. 저는 중국인이 아니에요.

2월 4일

키다리 아저씨께

지미 맥브라이드가 방 한쪽 끝까지 채워질 만큼 큰 프린스턴 현수막을 보냈어요. 저를 기억해 줘서 매우 감사하기는 하지만, 이 큰 현수막을 어떻게 해야 할지 모르겠어요. 샐리와 줄리아는 방에 걸지 못하게 할 것 같거든요. 올해 저희 방은 빨간색으로 꾸며져 있어요. 그런데 제가 주황색과 검은색이 곁들여진 현수막을 추가한다면 어떤 효과가 있을지 상상해 보세요. 하지만 이 현수막은 정말로 따뜻하고 두꺼운 펠트 소재여서 아까워요. 이 현수막을 목욕가운으로 만들면 많이 이상할까요? 제 이전의 목욕가운은 세탁하고 나니까 많이 줄어들었거든요.

최근에 제가 무엇을 배우고 있는지 말씀드리지 않은 점을 완전히 빠뜨려서 제 편지만으로는 알 수 없으시겠지만, 저는 전적으로 학업에 전념하고 있어요. 한 번에 다섯 가지 분야를 배우다 보니 매우 혼란스러워요.

새벽 6시

일찍 일어나는 새가
벌레를 잡아먹는다

화학 교수님께서 말씀하셨어요.

"진정한 학문의 시험은 세심한 것에 공을 들이는 열정에 있다."

역사 교수님은 이렇게 말씀하셨어요.

"너무 세심한 것에만 눈을 고정시키지 않도록 주의하라. 전체를 바라볼 수 있도록 어느 정도 적절한 거리를 두어라."

아저씨는 우리가 화학과 역사 사이에서 얼마나 섬세하게 다듬고 조정해야 하는지를 볼 수 있으실 거예요. 저는 역사적인 방법을 선호한답니다. 만약 내가 정복자 윌리엄이 1492년에 들어왔고, 혹은 콜럼버스가 1100년 또는 1066년 언제였는지 간에 미국을 발견했다고 말한다 해도, 그것은 교수님이 못 본체하고 넘어가는 단순한 세부사항일 뿐이에요. 역사 시간에 일련의 사물·사건 등에 대한 설명은 화학 시간에서는 전혀 느낄 수 없는 안정감과 편안한 기분이 깃들어 있어요.

6교시 시간을 알리는 종이 울렸네요. 저는 실험실로 가서 산과 염기 및 알칼리에 관한 사소한 문제를 살펴보아야 해요. 지난 화학 실험 시간에 염산으로 앞치마 앞부분에 접시만큼 큰 구멍을 만들어 버렸거든요. 만약 이론이 맞는다면, 강한 암모니아로 그 구멍을 중화시킬 수 있어야 할 것 같은데요, 그렇지 않을까요?

다음 주에 시험이 있지만, 누가 두려워할까요?

아저씨의 영원한
주디 올림.

3월 5일

키다리 아저씨께

밖에는 3월의 봄바람이 불어오고 있으며, 하늘은 움직이는 무겁고 검은 구름들로 가득 차 있어요. 소나무에 앉아 있는 까마귀들이 큰 소리로 '까악까악' 소리를 내고 있어요! 이 소리는 취하게 하고, 흥분되게 하며, 밖으로 나오라고 부르는 소리랍니다. 책을 덮고 언덕을 넘어 바람과 함께 경주하고 싶어지는 기분이랍니다.

지난 토요일에는 8킬로미터에 걸친 질퍽한 시골길을 가로지르는 여우사냥놀이(한 사람이 종이쪽지들을 흘리며 도망가면 다른 사람들이 그걸 보고 사냥하는 놀이)를 했어요. 여우(세 명의 여학생과 한 바구니 정도의 색종이 조각으로 구성됨)는 27명의 사냥꾼보다 30분 먼저 출발했어요. 제가 그 27명 중 한명이었어요. 8명이 도중에 탈락했고, 우리는 19명만 남았어요. 사냥하기 위해 뒤따라가는 자취는 언덕을 넘어 옥수수 밭을 지나 늪으로 이어졌고, 우리는 늪을 피하기 위해 둔덕에서 둔덕으로 가볍게 뛰어야 했어요. 물론, 그 중 절반은 발목까지 빠지는 상황이 발생하고 말았지만요. 우리는 사냥감의 자취를 잃어버리고 그 늪에서 25분이나 시간을 낭비했어요. 그런 다음 숲을 지나 언덕을 올라가니까, 헛간이 있었고 헛간의 창문 근처에 색종이 조각이 있지 않겠어요! 헛간 문들은 모두 잠겨 있었고, 창문은 높은데 있고 크기도 꽤나 작아 보였어요. 아저씨, 이것이 공정하다고 할 수 있을까요?

하지만 우리는 창문을 통과하지 않았어요. 우리는 헛간 주변을 돌며 낮은 헛간 지붕을 통해 울타리 위로 넘어간 자취를 찾았거든요. 여우는 우리가 헛간에 있을 거라고 생각했지만, 우리는 여우를 바보로 만들었죠. 그 후, 우리는 3킬로미터 정도 오르락내리락하는 초원을 곧장 달렸지만, 그 자취를 따라가기 매우 어려웠어요. 왜냐하면 색종이 조각들이 점점 희박해지고 있었기 때문이에요. 규칙은 색종이 조각을 최대로 약 2미터 간격으로 떨어뜨려야 한다는 것이지만, 그 당시 우리는 그렇게 가장 긴 2미터는 본 적이 없거든요. 결국, 우리는 두 시간 동안의 꾸준한 빠른 걸음으로 끝내 여우를 크리스털 스프링(그곳은 소녀들이 닭과 와플 저녁 식사를 위해 썰매와 건초 마차를 타고 가는 농장이에요.)의 주방까지 추적했어요. 그리고 우리는 거기서 세 마리의 여우가 평온하게 우유와 꿀, 비스킷을 먹고 있는 모습을 발견했답니다. 그들은 우리가 그곳까지 올 것이라고는 생각하지 못했던 거죠. 그들은 우리가 헛간 창문 근처에서 헤매고 있을 거라고 예상했을 테니까요.

여우와 사냥꾼 모두 자신들이 승리했다고 주장했어요. 저 역시 우리가 승리했다고 생각해요. 아저씨도 그렇게 생각하지 않으세요? 우리는 여우들이 캠퍼스로 돌아가기 전에 붙잡았으니까요. 어쨌든, 우리 열아홉 명은 가구 위에 메뚜기처럼 앉아 벌꿀을 달라고 떼를 썼어요. 꿀을 나누기에는 그 양이 충분하지는 않아서, 크리스털 스프링 여사(이것이 그녀를 부르는 애칭으로, 실제 이름은 존슨이에요.)가 방금 지난주에 만든 딸기 잼 한 병과 단풍나무시럽 한 캔, 그리고 세 덩이의 갈색 빵을 가져다주었어요.

우리는 저녁 식사 시간을 30분이나 늦은 6시 30분에야 가까스로 대학에 돌아왔어요. 그래서 우리는 옷을 갈아입지 않은 채로 바로 식당으로 들어갔어요. 엄청나게 배가 고팠거든요! 그러고 나서 우리는 모두 신발의 상태가 아주 더럽다는 핑계로 저녁 예배를 건너뛰었답니다.

시험에 대해 한 번도 말씀드리지 않았네요. 저는 모든 과목을 무척 수월하게 통과했답니다. 이제 공부하는 비결을 알게 되었고, 다시는 낙제하는 일은 없을 거예요. 다만, 1학년 때 배운 그 끔찍한 라틴어 산문과 기하학 때문에 우등으로 졸업할 수는 없을 것 같아요. 하지만 그건 중요하지 않아요. 행복하다면 뭐가 중요한가요?(이것은 인용문이에요. 저는 고전 문학을 읽고 있었어요.)

고전 문학에 대해 이야기하자면, 아저씨는 《햄릿》을 읽어본 적이 있으세요? 만약 아직 읽지 않으셨다면, 지금 바로 읽어보시기를 권해드려요. '정말 훌륭한' 작품이에요. 저는 평생 셰익스피어에 대해 들어왔지만, 그가 이렇게 잘 썼다는 사실은 몰랐거든요. 저는 그가 주로 그의 명성에 의존하고 있다고 의심해왔던 것 같아요.

제가 오래 전에 처음으로 독서하는 법을 배울 때 창안한 나만의 재미있는 놀이가 있어요. 저는 매일 밤 제가 지금 읽고 있는 책에서 가장 중요한 인물인 척 하면서 스스로 잠들곤 한답니다.

현재 저는 오필리아랍니다. 이렇게 합리적인 오필리아! 저는 항상 햄릿을 즐겁게 해주고, 그를 보살피며 꾸짖고, 그가 감기에 걸렸을 때 목을 따뜻하게 감싸줘요. 저는 햄릿이 우울해하는 것을 완전히 치료해 줬어요. 왕과 여왕은 모두 사망하셨어요. 바다에서의 불의의 사고로 인해 장례식은 필요하지 않았죠. 그래서 햄릿과 저는 아무런 거리낌 없이 덴마크를 다스리고 있어요. 우리는 왕국을 아름답게 다스리고 있답니다. 햄릿은 통치 업무를 맡고, 저는 자선 활동을 담당하고 있어요. 저는 최근에 몇 개의 일류 고아원을 설립했어요. 만약에 아저씨나 다른 신탁 위원들이 방문하고 싶으시다면 기꺼이 제가 안내해 드리겠어요. 아저씨가 많은 도움이 될 만한 제안들을 알려주실 수 있을 것 같다고 생각해요.

이만 줄일게요.
아저씨의 가장 품위 있는
덴마크의 왕비
오필리아 드림.

3월 24일 또는 25일
키다리 아저씨께

저는 천국에 갈 수 있을 거라고 믿지 않아요. 저는 여기에서 이미 많은 좋은 것들을 받고 있기 때문에, 이후에도 그런 것들을 받는 것은 공정하지 않을 것 같아요. 무슨 일이 일어났었는지 들어

보세요.

제루샤 애벗이 매년 개최하는 교내 잡지 《먼슬리》에서 단편소설 콘테스트에서 우승했어요(상금은 25달러입니다). 그리고 그녀는 단지 2학년생이랍니다! 참가자들은 대부분 4학년 학생들이었거든요. 제 이름이 공고된 것을 보았을 때, 제가 그것이 사실인지 믿기 어려웠어요. 어쩌면 저는 진짜 작가가 될 지도 모르겠어요. 립펫 원장님이 저에게 이렇게 우스꽝스러운 이름을 주지 않았다면 좋을 텐데요. 제 이름이 여류 작가처럼 들리세요? 그렇지 않죠?

저는 또한 야외에서 상연될 봄 연극물인 셰익스피어의 희곡 《뜻대로 하세요》에서 배우로 선택되었어요. 저는 로잘린드의 친사촌인 셀리아 역을 맡게 되었어요.

마지막으로, 줄리아와 샐리 그리고 저는 다음 주 금요일에 뉴욕에 가서 봄 쇼핑을 하고 하룻밤을 보낸 후 다음 날 '저비스 주인님'과 함께 연극을 보러 가기로 했어요. 그분이 우리를 초대했답니다. 줄리아는 가족과 함께 집에 남기로 했지만, 샐리와 저는 마사 워싱턴 호텔에 묵을 예정이에요. 이렇게 흥분되는 일이 있을까요? 저는 평생 호텔에 가본 적이 없고 극장에도 가본 적이 없거든요. 성당축제 때 고아들을 초대했을 때를 제외하고는 없어요. 하지만 그때는 진짜 연극이 아니었거든요.

우리가 극장에서 무엇을 보게 될지 궁금하시죠? 바로 《햄릿》이에요. 생각해 보세요! 저는 이미 셰익스피어 수업에서 4주 동안 공부를 했기 때문에 지문을 모두 줄줄 외우고 있어요.

너무나 기대가 커서 잠 못 드는 밤이 될 것 같아요.

안녕히 계세요, 아저씨.

이곳은 매우 재미있는 세상이에요.

아저씨의 영원한

주디 올림.

추신: 방금 달력을 확인했어요. 오늘은 28일이에요.

또 다른 추신: 오늘 저는 갈색 눈과 파란색 눈 즉 두 눈의 색깔
이 다른 전차 운전사를 보았어요. 그는 탐정 이야기의 훌륭한
악당이 되지 않을까요?

4월 7일

키다리 아저씨께

와우! 뉴욕이 이렇게나 큰가요? 우스터는 비할 바가 아니네요.
아저씨는 이렇게나 복잡한 곳에서 실제로 살고 계시다는 말인가
요? 뉴욕에서의 이틀 동안 있으면서 저를 어리둥절하게 만드는
효과로 인해 몇 달 동안은 회복되지 못할 것 같네요. 제가 본 놀
라운 것들을 다 말씀드리기도 힘드네요. 아저씨가 이곳에 직접
살고 계시니 아실 것이라고 생각해요.

그래도 거리는 즐거움으로 가득 차 있지 않나요? 그리고 사람들도요? 상점들은요? 상점의 창가에 있는 비춰진 것들처럼 사랑스러운 것들을 본 적이 없어요. 그런 옷들을 입기 위해서 평생을 바치고 싶을 정도네요.

샐리와 줄리아, 그리고 저는 토요일 아침에 함께 쇼핑을 갔어요. 줄리아는 제가 본 상점들 중에서 가장 화려한 곳에 들어갔어요. 흰색과 금색 벽, 파란색 카펫, 파란색 실크 커튼, 그리고 금도금 의자들로 꾸며진 곳이에요. 금발을 한 아주 아름다운 여자 분이 긴 검은 실크 드레스를 입고 우리를 맞이하며 환한 미소를 지었어요. 저는 우리가 사교적인 방문을 하는 것이라고 생각하고 손을 흔들려고 했어요. 그런데 알고 보니 우리는 단지 모자를 사러 간 것이었어요. 적어도 줄리아는 그랬어요. 줄리아는 거울 앞에 앉아 12개의 모자를 써보았고, 써보는 것마다 더 예뻤어요. 결국은 가장 맘에 들어 하는 예쁜 모자를 2개 샀어요.

앞에 앉아 마음에 드는 모자를 가격을 생각하지 않고 구입하는 것보다 인생에서 더 큰 기쁨이 있을 수 있을까요! 아저씨 이점에 대해서는 의심의 여지가 없지만, 뉴욕은 존 그리어 고아원에서 인내심을 가지고 쌓아 온 훌륭하고 냉정한 성격을 빠르게 망가지게 할 것 같아요.

우리가 쇼핑을 마친 후, 우리는 셰리 식당에서 저비스 주인님을 만났어요. 아저씨는 셰리에 가본 적이 있으시죠? 그곳을 떠올린 다음 존 그리어 고아원의 식당을 상상해 보세요. 그곳은 방수

식탁보로 덮인 탁자와 '절대 깨지지 않는' 하얀 식기, 그리고 나무 손잡이의 나이프와 포크가 있죠. 제가 느꼈던 감정이 어땠을지 상상해 보세요!

저는 생선을 먹을 때, 포크를 잘못 집어 들었는데, 웨이터께서 매우 친절하게 아무도 눈치 채지 못하게 제대로 된 포크를 가져다주었어요.

점심 식사 후 우리는 극장으로 갔어요. 그곳은 눈부시고, 경이로우며, 믿을 수 없을 정도로 황홀했어요. 저는 매일 밤 그곳을 꿈꾼답니다.

셰익스피어는 정말 놀랍지 않나요?

《햄릿》은 우리가 강의 시간에 분석할 때보다 무대에서 보는 것이 훨씬 더 좋아요. 저는 이전에도 이 작품의 진가를 알고는 있었지만, 지금은 정말이지 놀라울 따름이에요!

저는 아저씨만 괜찮으시다면, 작가보다는 배우가 되고 싶어요. 제가 지금 다니는 대학을 그만두고 연극 학교에 다니는 것을 어떻게 생각하세요? 그렇게 된다면, 모든 공연 입장권을 보내드릴 예정이며, 조명 너머로 아저씨에게 미소 지을 거예요. 다만, 꼭 상의에 빨간 장미를 꽂아 주셔야 해요. 그래야 제가 아저씨를 알아보고 미소를 지을 수 있으니 말이에요. 엉뚱한 분에게 미소를 지으면 정말 당황스러운 실수가 되겠죠.

우리는 토요일 밤에 돌아왔고, 기차 안의 분홍색 램프와 흑인 웨이터가 있는 작은 식탁에서 저녁을 먹었어요. 기차에서 식사가 제공된다는 말을 들어본 적이 없어서 무심코 그렇게 말했어요.

"너는 대체 어디에서 살았니?"라고 줄리아가 저에게 말했어요.

"한 시골에서." 나는 온순하게 줄리아에게 말했어요.

"그렇다면 너는 여행을 해본 적이 없니?" 줄리아가 저에게 말했어요.

"대학에 입학하기 전까지는 여행을 해 본적이 없어. 그리고 그것도 260킬로미터 정도여서, 우리는 식사를 하지 않았거든."이라고 제가 줄리아에게 말했어요.

그녀는 제가 참 재미있게 말을 한다고 저에게 꽤 관심을 가지게 되었어요. 저는 그러지 않으려고 노력하지만, 놀라운 일이 일어날 때면 그런 말들이 툭 튀어나오고 말아요. 그리고 저는 거의 항상 놀라거든요. 아저씨, 존 그리어 고아원에서 18년을 보내고 나서 갑자기 '세상'에 휩싸이니 아찔한 경험이에요.

하지만 저는 점점 잘 적응하고 있어요. 예전처럼 끔찍한 실수를 저지르지도 않으며, 다른 여학생들과 함께 있어도 더 이상 불편하지 않아요. 이전에는 사람들이 저를 바라보면 항상 불편한 마음이 들었었거든요. 마치 그들이 제 새 옷 아래의 체크무늬 깅엄 치마를 보이는 것처럼 느꼈거든요. 그러나 이제는 그 체크무늬 깅엄 치마는 신경 쓰지 않기로 했어요. 어제 불편함은 어제로 충분하니까요.

제가 꽃들에 대해 말씀드리는 것을 깜박 잊어버렸네요. 저비 주인님께서 우리 각자에게 큰 분홍색 제비꽃과 은방울꽃 다발을 주셨어요. 그분은 정말 친절하지 않아요? 저는 이전에 사람들, 특히 신탁 위원님들 때문에 남성에 대해 별로 신경 쓰지 않았지만, 이제 생각이 좀 바뀌고 있어요.

11장! 이렇게나 많이 편지를 썼네요! 용기를 내세요. 저는 이만 멈출게요.

언제나 아저씨의
주디 올림.

4월 10일

부자 아저씨께

여기 아저씨의 50달러의 수표가 있어요. 대단히 감사합니다만, 저는 이 돈을 받을 수 없을 것 같아요. 제 용돈으로 제가 필요한 모든 모자를 사기에 충분하거든요. 모자 가게에 대한 아무 의미 없는 글을 쓴 것에 대해 죄송하게 생각해요. 단지 저는 그와 같은 것을 전에 본 적이 없어서 그랬던 거예요.

그러나 저는 구걸하려고 한 게 아니에요! 그리고 저는 앞으로 필요 이상의 자선을 더 이상 받아들이고 싶지 않아요.

진심으로 아저씨의
주디 애벗 올림.

4월 11일

사랑하는 아저씨께

어제 아저씨에게 쓴 편지를 용서해 주시겠어요? 제가 그 편지를 부친 후에 나는 너무도 후회스러웠고, 그래서 편지를 다시 되찾으려고 노력했는데, 그 끔찍한 우편 사무원은 제 편지를 나에게 돌려주지 않았어요.

지금은 한밤중이랍니다. 저는 몇 시간 동안 제가 얼마나 벌레인지, 그것도 천 개의 다리를 가진 벌레 같은 인간인지를 생각하며 깨어 있어요. 제가 할 수 있는 최악의 말이 바로 이것이에요! 저는 줄리아와 샐리가 깨지 않도록 조심스럽게 공부방의 문을 닫고, 역사 노트북에서 찢어낸 종이에 아저씨에게 글을 쓰기 위해 침대에 앉아 있어요.

저는 아저씨가 보내주신 수표에 대해 무례하게 행동한 점에 대해 정말 사과하고 싶어요. 아저씨는 친절한 마음으로 그렇게 해 주셨다는 것을 알고 있으며, 그런 사소한 모자를 위해서 이렇게 많은 신경을 써 주신 아저씨께 깊은 감사를 표하고 싶어요. 저는 그 수표를 훨씬 더 정중하게 돌려드렸어야 했어요.

하지만 어쨌든, 저는 그 수표를 돌려드렸어야 했어요. 저와 다른 학생들과는 상황이 다르잖아요. 그들은 자연스럽게 남이 주는 물건을 받을 수 있어요. 그들은 아버지와 형제, 이모와 삼촌이 있지만, 저는 그런 가족 관계를 누구와도 맺을 수 없잖아요. 아저씨가 저의 가족이라고 가장하는 것을 좋아는 하지만, 그것은 생각일 뿐이지 실제로 아저씨가 저의 가족이 아니라는 것은 알아요. 저는 벽에 등을 지고 세상과 싸우고 있는 정말로 외톨이예요. 이 생각을 할 때마다 숨이 막힐 것 같은 기분이라고요. 저는 그것을 마음속에서 지우고 계속해서 가장하고 싶어 하지만, 아저씨, 모르시겠어요? 저는 더 이상 제게 꼭 필요한 돈 이외에는 받을 수가 없어요. 언젠가 제가 그 돈을 상환해야 하는데, 제가 계획하는 대작가가 된다고 해도, '엄청난 빚'을 감당할 수는 없을 것 같아요.

예쁜 모자와 물건들을 좋아하지만, 그것을 사기 위해 저의 미래를 저당 잡힐 수는 없어요.

제가 이렇게 무례하게 행동한 것에 대해 용서해 주시겠죠? 저는 처음에 생각이 떠오르면 즉흥적으로 글을 쓰고, 그 편지를 되돌리기도 전에 바로 부쳐버리곤 하는 끔찍한 습관이 있거든요. 제가 때때로 무심하고 배은망덕해 보일지라도, 절대로 그런 의도는 아니에요. 제 마음속에서는 아저씨가 주신 삶과 자유, 독립에 대해 항상 감사하고 있거든요. 제 어린 시절은 오랜 시간 동안 불만과 반항의 연속이었어요. 그렇지만 지금은 하루하루의 매 순간이 믿어지지 않을 만큼 행복해요. 마치 동화 속에서나 나올법한 여성 영웅처럼 말이죠.

새벽 2시 15분이에요. 저는 이제 까치발을 하고 발끝으로 살금살금 걸어서 우편 활송 장치(사람들이나 물건들을 미끄러뜨리듯 아래로 이동시키는 장치)로 가서 이 편지를 보내겠어요. 지난번에 보내드린 편지에 잇따라 바로 이 편지를 받게 될 것이니, 저에 대한 안 좋은 생각을 할 시간이 그리 길지는 않겠죠?

아저씨, 안녕히 주무세요.
언제나 아저씨를 사랑하는
주디 올림.

5월 4일
키다리 아저씨께

지난 토요일은 운동회가 있었어요. 엄청 볼거리가 많은 행사였어요. 우선 모든 학년이 참가하는 퍼레이드가 있었고, 모든 학생들은 흰색 리넨 옷을 입었으며, 졸업반 학생들은 파란색과 금색의 일본 우산을 들고, 3학년 학생들은 흰색과 노란색의 깃발을 들고 있었어요. 우리 2학년은 매우 멋진 진홍색 풍선을 가지고 있었으며, 특히 풍선이 풀려 공중으로 떠가는 모습이 매력적이었어요. 신입생들은 긴 리본이 달린 초록색 종이 모자를 착용했어요. 또한 우리는 마을에서 파란색 유니폼을 입은 밴드를 초청하였고, 이벤트 사이사이에 관중들의 흥을 돋우기 위해 서커스의 광대 같은 재미있는 분장을 한 사람들도 약 12명이 참석했어요.

줄리아는 리넨 청소복장을 하고, 헐렁한 우산을 가진 구레나

롯을 기른 뚱뚱한 시골 남자 모습으로 차려입었어요. 팻시 모리
아티(사실은 패트리샤예요. 이런 이름을 들어본 적 있으세요? 립펫 원장
님이라도 이보다 더 이상한 이름을 짓지는 못했을 거예요.)는 키가 크고
마른 유일한 인물로, 한쪽 귀에 기괴한 녹색 모자를 쓰고 줄리아
의 아내 역할을 맡았어요. 줄리아와 모리아티가 코스를 따라 행
진하는 내내 파도처럼 웃음이 끊이지 않았어요. 줄리아는 그 역
할을 매우 잘 소화했어요. 저비 주인님께는 사과드리며 말씀드리
지만, 나는 펜들턴 가문이 이렇게 많은 희극적 기질을 발휘할 수
있다는 것을 꿈에도 생각지 못했거든요. 저는 저비스 씨를 진정
한 펜들턴 가문 사람으로 보지 않아요. 아저씨를 진정한 신탁 위
원으로 보지 않는 것과 마찬가지로요.

샐리와 저는 경기에 참여하기 위해 행진에 참여하지 않았어
요. 아저씨는 어떻게 생각하세요? 저희 둘 다 승리했어요. 적어도
한 가지에서는요. 우리는 멀리뛰기에 도전했지만 졌고, 샐리는 장
대높이뛰기(2미터 20센티미터)에서 승리했고, 저는 50미터 단거리
달리기에서 승리(8초)했어요.

마지막에는 상당히 숨을 헐떡였지만, 모든 2학년 친구들이 풍
선을 흔들며 환호하고 응원하는 모습 덕분에 매우 즐거운 시간이
었어요.

주디 애벗, 무슨 문제 있어?
좋아.

누가 좋아?

주디 애-벗!

주디가 50미터 단거리 달리기
경기에서 질주해서 우승했어요.

모든 경기가 끝난 후, 우리는 탈의실용 천막으로 뛰어가 알코올로 마사지를 받고 레몬을 즙을 짜서 빨아 먹었어요. 아저씨, 저희는 프로 선수 못지않죠? 자신의 학년을 위해 경기를 이기는 것은 훌륭한 일이에요. 왜냐하면 가장 많은 경기를 이긴 학년이 그해의 우승컵을 받기 때문이죠. 이번 해에는 7개의 경기에서 우승을 기록한 4학년들이 올해의 우승컵을 차지했어요. 체육 협회는 모든 우승자들에게 체육관에서 저녁 식사를 제공했어요. 저희는 튀긴 부드러운 게 튀김과 농구공 모양으로 만든 초콜릿 아이스크림을 먹었답니다.

저는 지난 밤 《제인 에어》를 읽으며 앉아 있었어요. 아저씨는 60년 전 일을 회상할 만큼 충분히 나이가 많으신가요? 만약 그렇다면, 사람들이 그때는 그렇게 이야기했었나요?

오만한 블랑쉬 아가씨는 하인을 향해 말해요. "잡담을 그만두고 내 명령을 따라라." 로체스터 씨는 하늘을 의미할 때 금속 천국에 대해 이야기해요. 그리고 미친 여성에 관해서는 하이에나처럼 웃고 침대 커튼에 불을 지르며 결혼 면사포를 찢고 '물어뜯어요.' 순수한 통속적인 사랑이야기지만, 그럼에도 불구하고 여전히 이 책을 계속 읽고 있어요. 어떤 어린 소녀가 그런 책을 썼는지 이해할 수 없어요. 특히 교회 경내에서 자란 소녀라면 말이죠. 브론테 자매에게는 저의 마음을 사로잡는 어떤 뭔가가 있어요. 그들의 책, 그들의 삶, 그들의 정신이 그래요. 어디서 그런 영감을 얻었을까요? 어린 소녀인 제인이 자선 학교에서 고통 받고 있는 대목을 읽을 때, 저는 너무 화가 나서 나가서 산책을 해야 했을 정도예요. 그녀가 느끼는 바를 나도 느낄 수 있었으니까요. 립펫 원장님을 알았던 저는 브록클허스트 씨가 어떤 사람인지 알 수 있었거든요.

아저씨, 화내지 마세요. 저는 존 그리어 고아원이 로우드 자선학교와 같다고 말씀드리고 있는 것이 아니에요. 존 그리어 고아원에서 우리는 먹을 것도 충분했고 입을 것도 충분했으며 씻을 수 있는 물도 충분했어요. 그리고 지하에는 난방 시설이 되어 있었어요. 하지만 치명적인 닮은 점이 하나 있었어요. 우리의 삶은 절대적으로 단조롭고 특별한 일이 없다는 거예요. 일요일마다 아이스크림 먹는 것을 제외에는 특별한 일은 일어나지 않았고, 그마저도 정기적이었어요. 제가 그곳에서 있던 18년 동안 단 한 번의 커다란 사건이 있었어요. 그것은 바로 장작 저장 창고가 불에 탄 사건이죠. 우리는 집에 불이 옮겨 붙을 경우를 대비해 밤중에 일어나 옷을 갈아입어야 했어요. 하지만 집은 불은 옮겨 붙지 않았고 우리는 다시 침대로 돌아갔어요.

보통 사람은 몇몇 놀라운 사건을 기대하곤 하죠. 그것은 자연스러운 인간의 욕구이거든요. 하지만 저는 립펫 원장님이 저를 원장실로 불러 존 스미스 씨가 저를 대학에 보내줄 것이라고 말할 때까지 그런 놀라운 사건을 맛본 적이 없어요. 그리고 원장님이 그 소식을 매우 조금씩 조금씩 얘기해줘서 제가 거의 충격에 빠지지도 않았어요.

아저씨, 제가 생각하기에 사람이 가져야 할 가장 필요한 자질은 상상력이라고 생각해요. 상상력은 사람들이 다른 사람의 입장에서 자신을 생각해 볼 수 있게 해주거든요. 그래서 사람들을 친절하고 동정심 있으며 이해심 있게 만들어 주거든요. 상상력이라는 자질은 아이들 때부터 길러져야 할 필요가 있어요. 하지만 존 그리어 고아원은 상상력이 나타나는 가장 조그만 희망마저도 즉시 짓밟아 버렸어요. 의무가 유일하게 격려된 자질이었어요. 저는 아이들이 의무라는 단어의 의미를 알 필요가 없다고 생각해요. 그것은 혐오스럽고, 역겨워요. 아이들은 모든 것을 대단히 좋아서 해야 한다고요.

아저씨, 제가 고아원 원장이 되어 이끌게 될 고아원 모습을 보시기 전까지 기다려 주세요! 그것은 제가 잠자리에 들기 전에 하는 가장 좋아하는 놀이거든요. 저는 식사, 의복, 학습, 오락, 그리고 처벌까지 아주 세밀하게 계획을 세워요. 심지어 저보다 우수한 고아들조차 때때로 말썽을 피울 때가 있어요.

어쨌든 그 아이들은 행복할 거예요. 저는 아무리 많은 어려움을 겪더라도 모든 사람이 어릴 때를 회상할 수 있도록 행복한 어린 시절을 가져야 한다고 생각해요. 그리고 만약 제가 자식을 가지게 된다면, 제가 아무리 불행하더라도 제 자식이 성장해서 어른이 될 때까지는 어떤 걱정도 하지 않고 자랄 수 있도록 할 거예요.

(예배당의 종소리가 울리네요. 이 편지의 마무리는 나중에 할게요.)

목요일

제가 오늘 오후에 실험실에서 돌아왔을 때, 차 탁자에 앉아 아몬드를 먹고 있는 청설모를 발견했어요. 날씨가 따뜻해 져서 창문을 열어 놓고 나갔다 오니 지금, 우리는 이런 종류의 방문객을 맞이하고 있네요.

존경하는 센티페드 부인, 각설탕을
하나 드릴까요, 아니면 두 개 드릴까요?

토요일 아침

아마도 아저씨는 지난밤이 금요일이고 오늘 수업이 없으니, 제가 상금으로 구입한 스티븐슨의 전집으로 조용히 독서하기 좋은 저녁을 보냈을 것이라고 생각하시겠죠. 그러나 진짜로 그렇게 생각하신다면, 아저씨는 여자 대학에 대해 전혀 관심이 없으신 거예요, 여섯 명의 친구들이 방문하여 퍼지(설탕, 버터, 우유로 만든 연한 사탕)를 만들었고, 그 중 한 명이 퍼지를 아직 액체 상태일 때 우리의 최고의 양탄자 한가운데에 떨어뜨렸지 뭐예요. 우리는 엉망이 된 양탄자의 퍼지 얼룩을 절대로 지울 수가 없을 것 같아요.

최근에 쓴 편지에서는 강의에 대해 언급한 적이 없습니다만, 여전히 매일 강의를 잘 듣고 있어요. 강의에서 벗어나서 아저씨와 제가 나누는 인생에 대해 이야기하는 것은 일종의 위안이 되요.

이야기가 다소 일방적인 이긴 하지만 그것은 어디까지나 아저씨의 잘못이에요. 언제든지 원하시는 대로 답장을 해 주세요.

제가 이 편지를 쓰기 시작한 지 사흘이 되었고, 이제 아저씨께서 지겨워하고 계시지 않을까 두려워요!

안녕히 계세요, 존경하는 아저씨,
주디 올림.

키다리 아저씨 스미스 씨께

　존경하는 분께: 논증 연구법과 주제를 여러 가지 항목으로 나누는 방법을 배웠으니, 저는 편지 작성을 다음과 같은 형식을 채택하여 쓰기로 결정했어요. 이 형식은 필요한 모든 사실을 포함하고는 있으나 불필요한 장황한 내용은 배제했어요.

　I. 이번 주에 필기시험을 치렀습니다.

　　A. 화학

　　B. 역사

　II. 새로운 기숙사가 건설 중입니다.

　　A. 재료

　　　(a) 빨간 벽돌

　　　(b) 회색 석조

　　B. 수용 인원

　　　(a) 학장 1명, 강사 5명

　　　(b) 학생 200명

　　　(c) 집사 1명, 요리사 3명, 여종업원 20명, 객실 청소부 20명

　III. 오늘 밤 후식으로 정켓(우유, 설탕, 향신료 및 레닌으로 만들어진 후식)을 먹었습니다.

　IV. 셰익스피어의 희곡의 자료에 대한 특별한 주제를 작성하

고 있습니다.

V. 루 맥마혼이 오늘 오후 농구 중에 미끄러져 넘어졌습
니다.

    A. 어깨 탈구

    B. 무릎 타박상

VI. 새로운 모자의 장식입니다.

    A. 파란 벨벳 리본

    B. 파란 깃털 2개

    C. 빨간 방울술 3개

VII. 지금은 9시 30분입니다.

VIII. 좋은 밤 되세요.

주디 올림.

6월 2일

키다리 아저씨께

아저씨는 일어난 멋진 일을 결코 추측하지 못하실 거예요.

맥브라이드 가족이 여름을 애디론댁에 있는 캠프에서 같이 보
내자고 요청을 했어요! 숲 중앙의 사랑스러운 작은 호수에 위치
한 일종의 클럽 회원이라고 하네요. 다양한 다른 회원들의 통나

무집들이 나무들 사이에 여기저기 있어요. 호수에서 카누를 타고, 다른 캠프까지의 길을 따라 산책을 가기도 하며, 또한 클럽 하우스에서 매주 댄스를 즐긴다고 하네요. 지미 맥브라이드가 여름 방학의 일부 동안 대학 친구를 초대할 예정이라고 하니, 우리와 함께 춤을 출 남자는 충분히 많을 것 같아요.

맥브라이드 부인이 저를 이렇게 초대해 주시다니, 정말 다정한 분이 아니신가요? 그분은 제가 크리스마스에 방문했을 때 저를 좋게 보신 것 같아요.

이번에는 편지가 짧은 것을 양해해 주세요. 이것은 진정한 편지가 아니며, 단지 제가 여름 동안 자리를 비운다는 것을 알려드리기 위한 작은 메시지이니까요.

아저씨의
'진정으로' 만족스러운 마음으로,
주디 올림.

6월 5일
키다리 아저씨께

아저씨의 비서가 저에게 스미스 씨가 맥브라이드 부인의 초대를 수락하지 말고 지난여름과 마찬가지로 록 윌로우 농장으로 돌아가기를 원한다고 말했다고 전했어요.

왜, 왜, 왜죠, 아저씨?

아저씨는 그것에 대해 이해하지 못하고 계세요. 맥브라이드 부인은 제가 정말로 오기를 원하시거든요. 저는 샐리네 집에서 전혀 폐를 끼치는 존재가 아니에요. 저는 그 집에 도움이 될걸요. 그들은 캠프에 갈 때 하인들을 많이 데리고 가지 않는다고 해요. 아마도 샐리와 제가 도움이 더 많이 될 수 있을 거예요. 저에게는 가사 일을 배울 수 있는 좋은 기회예요. 모든 여성이라면 가사 일을 할 줄 알아야 하는데, 저는 고아원 관리 외에는 잘 알지 못하거든요.

캠프에는 우리 나이 또래의 다른 소녀들이 없어요. 그래서 맥브라이드 부인께서는 저에게 샐리의 친구가 되어 주기를 원하시는 거예요. 우리는 함께 많은 독서를 계획하고 있어요. 내년 국문학 사회학 과목에 관련된 책을 모두 읽을 예정이랍니다. 교수님께서는 이번 여름 방학 동안에 읽기를 마무리하면 큰 도움이 될 것이라고 하셨어요. 또한 함께 읽고 토론하면 기억하기가 훨씬 더 수월하고요.

샐리의 어머니와 같은 집에 있는 것만으로도 교육이 되요. 샐리 어머니는 세상에서 가장 흥미롭고, 재미있으며, 동반자에게 친숙하고 매력적인 분이세요. 그분은 모든 것을 알고 있어요. 립펫 원장님과 보낸 여름의 수를 생각해 보세요. 원장님과 대조되는 그분의 호의를 제가 얼마나 고마워할지를 아실 텐데요. 제가 함께 해서 장소가 협소할까봐 걱정하지 마세요, 그들의 집은 고무로 만들어진 집이니까요. 손님이 많을 때는 숲에 텐트를 펼치고 남자 아이들을 밖으로 내보내요. 매 순간 야외에서 운동하며 아주 멋지고 건강한 여름이 될 거예요. 지미 맥브라이드가 저에게 승마, 카누 노 젓기, 사격 등 제가 알아야 할 많은 것들을 가르쳐 준대요. 제가 한 번도 경험해본 적이 없는 즐겁고 자유로운 시간을 보낼 수 있을 것 같아요. 모든 여자아이는 인생에서 한 번쯤은 그러한 경험을 누릴 자격이 있다고 생각해요. 물론 말씀하신 대로 하겠지만, 제발 가게 해 주세요, 아저씨. 처음으로 이렇게 간절히 원한다고요.

이 글을 쓰고 있는 것은 미래의 위대한 작가 제루샤 애벗이 아니라 단지 주디라는 한 여자아이랍니다.

6월 9일
존 스미스 씨께

존경하는 선생님: 6월 7일에 보내주신 답장 편지는 잘 받았습니다. 이사님의 비서를 통해 받은 지시에 따라, 저는 다음 주 금요일에 록 윌로우 농장으로 여름을 보내기 위해 출발할 예정입니다.

항상 남아 있기를 바라는
제루샤 애벗(양) 올림.

록 윌로우 농장에서
8월 3일
키다리 아저씨께

제가 글을 쓴 지 거의 두 달이나 지났네요. 무례한 일이었다는 것을 알지만 올여름에는 아저씨를 그리 많이 사랑하지는 않아요. 솔직한 제 심정을 말씀드리고 있어요!

나는 맥브라이드 캠프를 포기해야 한다는 사실에 얼마나 실망했는지 상상할 수 없으실 거예요. 물론 아저씨가 저의 후견인이고, 모든 사안에 있어서 아저씨의 뜻을 존중해야 한다는 것도 알고 있지만 나는 가지 못하게 하는 그 이유를 이해할 수가 없었어요. 내게 일어날 수 있는 최고의 일이 분명한데요. 만약 내가 아저씨고, 아저씨가 저였다면, 저는 이렇게 말했을 거예요. "축복한다, 얘야, 가서 좋은 시간 보내고 새로운 사람들과도 많이 만나고 많은 것을 배우고 오렴. 야외에서 생활하면서 강한 체력도 챙기고, 힘든 한 해를 보내기 위한 휴식을 취하고 오렴."

하지만 아저씨는 전혀 그렇지 않았어요! 비서를 통해 저를 록 윌로우 농장으로 가라는 지시만 간단한 문구로 남겼을 뿐이에요.

아저씨의 명령이 비인격적이라는 점이 제 감정을 많이 아프게 했어요. 만약 아저씨가 저에 대한 제 마음만큼이라도 조금이라도 느끼신다면, 때론 자필로 쓴 메시지를 저에게 보내주실 것이고, 그런 엉망진창의 타이프 된 비서의 메모 대신에 말이에요. 아저씨가 조금이라도 신경 쓰신다면, 저는 아저씨를 기쁘게 하기 위해 세상의 어떤 일라도 할 거라고요.

저는 제가 길고 자세한 편지를 작성하되 답변을 기대하지 말아야 한다는 것을 알고 있었어요. 아저씨는 대학 교육을 시켜 준다는 계약을 잘 지키고 계신데, 그래서 저는 교육을 받고 있고요. 그렇지만 아마도 아저씨는 제가 약속을 지키지 않고 있다고 생각하고 계시죠!

하지만, 아저씨, 그것은 너무 힘든 거래예요. 정말 그래요. 저는 너무나 외로워요. 아저씨가 제가 좋아할 수 있는 유일한 사람이지만, 아저씨의 존재가 너무나 애매모호하거든요. 아저씨는 제가 만들어낸 상상의 인물일 뿐이고, 아마도 실제로 아저씨의 모습은 제가 상상한 것과는 전혀 다를 수도 있어요. 하지만 아저씨는 한때, 제가 아파서 진료소에 있을 때, 저에게 메시지를 보내주셨고, 제 존재가 이 세상에서 너무나 잊힌 듯한 기분이 들 때면, 아저씨의 그때 그 카드를 다시 꺼내어 읽는다고요.

제가 진짜로 말씀드리려고 했던 내용을 전혀 전달하지 못하는 것 같네요. 그 내용은 이래요.

비록 제가 여전히 상처받은 감정을 가지고 있지만, 임의적이고 독단적이며 불합리하고 전능하고 보이지 않는 신에 의해 들어 올려지고 이동되는 것은 매우 굴욕적인 일이지만, 그동안 저에게 친절하고 관대하며 사려 깊었던 사람으로서 아저씨는 그렇게 행동할 권리가 있다고 생각해요. 그래서 저는 아저씨를 용서하고 다시

활기를 찾겠어요. 하지만 샐리가 캠프에서 좋은 시간을 보내고 있다는 편지를 보내서 읽는 것은 여전히 그다지 즐겁지 않아요!

그러나 지난 것에 대해서는 덮어버리고 다시 시작하도록 하겠어요.

올 여름 방학 동안에는 계속해서 글을 쓰고 있어요. 네 편의 단편 소설을 완성하여 네 개의 다른 잡지에 보냈거든요. 따라서 제가 작가가 되기 위해 노력하고 있음을 알 수 있겠지요. 저는 다락방의 한 켠에 작업실을 마련했어요. 과거에 저비 주인님이 비 오는 날에 놀던 방이 있었던 바로 그곳이에요. 그곳에는 두 개의 다락 창문이 있어 시원하고 바람이 잘 통하는 구석이며, 단풍나무 그늘 아래에 빨간 다람쥐 가족이 거주하는 구멍이 있어요.

며칠 내에 더 정중한 편지를 작성하여 농장 소식을 모두 전하도록 할게요.

농장에 비가 왔으면 좋겠어요.

아저씨의 영원한
주디 올림.

8월 10일

키다리 아저씨께

존경하는 아저씨: 저는 과수원의 연못 옆 버드나무의 두 번째

가지에 앉아서 아저씨께 편지를 쓰고 있어요. 아래에서는 개구리가 개골거리고, 위쪽에서는 매미가 노래하고 있으며, 두 마리의 작은 "동고비"가 나무줄기를 따라 위아래로 빠르게 오르내리고 있어요. 저는 여기에 한 시간째 머물고 있어요. 특히 두 개의 소파 쿠션에 의해 안락하게 만들어진 이 가지가 아주 편안해요. 저는 불멸의 단편 소설을 쓰기 위해 펜과 수첩을 가지고 올라왔지만, 여주인공과의 싸움이 끔찍해요. 제가 원하는 대로 그녀를 행동하게 만들 수가 없기 때문에요. 그래서 잠시 여주인공에 대한 생각을 접어두고 아저씨께 편지를 쓰고 있어요(그러나 많은 위안은 되지 않네요. 왜냐하면 아저씨도 제가 원하는 대로 행동하게 만들 수 없으니까요).

아저씨가 그 끔찍한 뉴욕에 계신다면, 이 사랑스럽고 시원하며 햇살이 가득한 전망을 전할 수 있으면 좋겠네요. 일주일 동안 비가 내린 후의 농장의 풍경은 마치 천국 같아요.

천국에 대해 말씀드리자면, 작년 여름에 말씀드렸던 켈로그 씨를 기억하시나요? 코너스에 있는 작은 하얀 건물의 교회의 목사님이었죠. 불행히도 그분은 지난겨울 폐렴으로 세상을 떠나셨어요. 저는 그 목사님의 설교를 듣기 위해 교회를 6번 정도 갔고, 그의 신학에 대해 매우 익숙해졌어요. 그 목사님은 처음 생각했던 것을 끝까지 믿으면서 죽을 때까지 그 신념을 지키셨어요. 내 생각에는 47년 동안 바뀌지 않고 똑같은 생각을 할 수 있는 사람은 호기심의 대상으로서 박물관에 보관해야 마땅할 것 같아요.

그분이 금관을 쓰고 하프를 즐기고 있기를 바라요. 그분은 천국에 가시면 그것들을 찾을 수 있을 것이라고 확신하셨거든요! 그분의 자리에는 매우 유망한 새로운 젊은 목사님이 후임으로 오셨어요. 신자들은 좀 의심스러워하고 있는 거 같아요. 특히 커밍스 집사님이 이끄는 신자들이 그래요. 교회에 큰 분열이 일어날 것 같은 모습이에요. 이 지역의 주민들은 종교의 혁신 따위는 좋아하지 않거든요.

비 오는 일주일 동안 나는 다락방에 앉아 읽는 즐거움에 푹 빠졌어요. 주로 스티븐슨의 작품을 읽었죠. 스티븐슨은 자신이 쓴 책 속의 모든 등장인물보다 더 매력적이에요. 자기 자신을 작품에 잘 어울릴 만한 영웅으로 만들 수 있을 거예요. 아버지가 남긴 만 달러를 모두 사용하여 요트를 사고 남태평양으로 항해를 떠난 것은 정말로 그다운 완벽한 생각이 아닌가요? 그는 자신의 모험적인 신념을 잘 지키며 살았죠. 만약 제 아버지가 저에게 만 달러를 남겼다면, 저도 그렇게 했을 것 같아요. 베일리마(1888년, 건강이 악화된 스티븐슨이 아내와 함께 남태평양의 사모아 제도에서 숨질 때까지 살았던 마을)를 생각하면, 저는 몹시 흥분이 되요. 저는 열대 지방을 보고 싶어요. 저는 세상의 모든 것을 보고 싶어요. 언젠가는 갈 거예요. 저는 정말로, 아저씨, 위대한 작가, 예술가, 여배우, 극작가가 될 때면 그렇게 할 거예요. 제가 어떤 위대한 인물로 성장하게 될지는 모르겠지만요. 저는 심각한 떠돌이 기질을 가지고 있거든요. 지도 한 장만 보아도 모자를 쓰고 우산을 챙겨 나가고

싶어지거든요. "나는 죽기 전에 남쪽의 야자수와 사원을 볼 것
이다."

목요일 저녁 해질녘에, 현관 문 앞에 앉아서.

이 편지에서는 어떤 새로운 소식을 전하기가 매우 어려워요!
주디는 최근 들어 철학적으로 변모하고 있어요. 일상생활의 사소
한 세부사항에 대해서는 관심이 없고 일반적인 넓은 세계에 대
해 크게 이야기하고 싶어져요. 그렇지만 새로운 소식이 꼭 필요하
시다면, 여기 있어요.

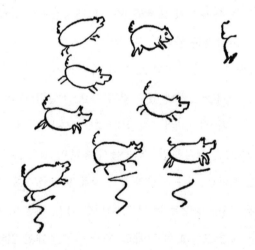

지난 화요일에 우리 아홉 마리의 새끼 돼지가 개울을 가로질
러 건너 도망쳤어요. 그 중 여덟 마리만 돌아왔어요. 누구를 범인

이라고 비난하고 싶지는 않지만, 다우드 과부네 집에 있는 새끼 돼지가 한 마리 더 있는 것 같은 의혹이 있어요.

위버 씨는 그의 헛간과 두 개의 가축 사료 저장고를 밝은 호박 노란색으로 칠했어요. 아주 보기 좋지 않은 색깔인데, 그는 시간이 지나면 괜찮아질 것이라고 말하네요.

이번 주에는 브루어 가족이 함께 있어요. 브루어 부인의 여동생과 오하이오에서 온 두 명의 조카들이 함께 있어요.

우리의 로드아일랜드레드종의 암컷이 15개의 알을 낳았는데, 그중에 3개만 병아리로 부화되었어요. 우리는 무엇이 문제였는지 알 수가 없어요. 제 생각에 로드아일랜드레드종은 매우 열등한 품종인 것 같아요. 나는 버프오핑턴종을 선호해요.

보니릭 포 코너스의 우체국에 새로 온 직원이 재고로 있던 자메이카 생강주를 모두 마셨다가 발각되었어요. 이 술은 7달러어치에 해당한다고 하네요.

아이라 해치라는 노인이 류머티즘에 걸려 더 이상 일할 수 없어졌어요. 그가 임금을 좀 괜찮게 받을 때 저축하지 않았기 때문에 이제는 마을의 도움을 받아 살아가야 한답니다.

다음 토요일 저녁에 학교에서 아이스크림 행사가 있어요. 가족과 함께 오라고 하네요.

우체국에서 25센트에 구매한 새 모자를 가지고 있어요. 이것은 내가 건초를 긁어모으러 가는 길에 찍은 최신 초상화예요.

너무 어두워져서 잘 보이지가 않네요. 어쨌든, 새로운 소식은 모두 소진되었어요.

안녕히 주무세요,

주디 올림.

금요일

안녕하세요! 여기 새로운 소식이 있어요! 무엇일까요? 아저씨는 결코, 결코, 결코 록 윌로우 농장에 오는 사람을 예상하지 못할 거예요. 펜들턴 씨가 샘플 부인에게 편지를 보냈어요. 그분은 자동차를 운전하고 버크셔를 지나고 있는데, 피곤해서 조용한 농장에서 휴식을 취하고 싶어 하세요. 언제라도 저녁에 농장 현관 앞에 나타나면 쉴 수 있도록 방을 준비해 줄 수 있을까 하는 내용이에요. 아마도 그분은 일주일 있을 수도 있고, 이주일, 또는 삼주일 있을 수도 있어요. 도착해서 얼마나 편안하게 쉴 수 있는지 보아야겠다고 하시네요.

엄청난 소란이 일어났어요! 집 전체를 청소하고 모든 커튼을 세탁했어요. 오늘 아침에 저는 현관에 새 방수포를 구입하고 마루와 뒤쪽 계단을 칠하기 위한 갈색 바닥 페인트 두 통을 사기 위해 코너스로 향해 마차를 몰고 가려고 해요. 다우드 여사가 내일 창문 세척을 위해 오기로 되어 있어요(현재의 긴급 사태에서, 우리는 돼지 새끼에 대한 의혹을 일단 제쳐놓기로 했어요.). 우리의 이런 행동에 대한 설명을 듣고 이 집이 이미 완벽하지 않다고 생각하실 수도 있지만, 장담컨대 절대 그렇지는 않아요! 샘플 여사가 가지는 한계가 무엇이든, 그녀는 훌륭한 집안 '살림꾼'이에요!

그런데 아저씨, 남자들은 모두 다 원래 그런가요? 그분은 오늘 문 앞에 올 것인지, 아니면 두 주 후에 올 것인지에 대한 가장 최소한의 힌트조차 주지 않았어요. 그분이 오기 전까지 우리는 끊임없이 숨 가쁘게 살아야 할 것이며, 그가 서둘러 오지 않는다면 청소는 모두 다시 해야 할지도 모른다고요.

늙은 그로버는
완벽하게 안전해요.

밑에서는 아마사이가 짐마차에 그로버를 묶어 놓고 기다리고 있네요. 저는 혼자 짐마차를 몰고 가겠지만, 만약 아저씨가 늙은 그로버를 본다면 제 안전에 대해 걱정하지 않으실 거예요.

내 마음에 손을 얹고 안녕히 계세요.
주디 올림.

추신: 이 맺음말은 좋지 않은가요? 스티븐슨의 편지에서 가져왔어요.

토요일

안녕하세요, 다시 좋은 아침이에요! 어제 우편배달부가 오기 전에 편지를 봉해 놓지 않아서 부치지 못해서 조금 더 추가할게요. 여기에서는 하루에 한 번, 정오에 우편물을 받으러 와요. 시골에서의 우편배달부는 농부들에게 큰 축복이에요! 우편배달부는 편지를 배달하는 것뿐만 아니라, 시내에서의 용무도 대신 처리해주거든요. 용무 한 건에 5센트예요. 어제 저는 신발 끈 몇 개와 콜드크림 한 통(제가 새 모자를 사기 전에 코의 피부가 햇볕에 벗겨졌어요.) 그리고 파란 윈저 타이와 검정 구두 약 한통을 사다주는 조건으로 10센트를 지불했어요. 제 주문의 양이 좀 많아서 특별히 싸게 거래해 줬어요.

우편배달부는 또한 넓은 세상에서 무슨 일이 일어났는지도 우리에게 전해줘요. 길을 따라 여러 사람들이 매일 신문을 구독하며, 그는 걸어가는 동안 그 신문을 읽고 구독하지 않는 사람들에게 신문의 내용을 전달해줘요. 따라서 만약 미국과 일본 간에 전쟁이 발발하거나, 대통령이 암살되거나, 록펠러 씨가 존 그리어 고아원에 백만 달러를 기부하는 일이 발생하더라도, 편지하실 필요가 없어요. 저는 어차피 그 소식을 들을 수 있으니까요.

아직 저비 주인님의 모습은 보이지 않아요. 하지만 우리 집이 얼마나 깨끗한지 보세요. 그리고 집에 들어서기 전에 우리는 얼마나 걱정하며 발을 닦는 지도요!

그가 곧 오길 바라요. 누군가와 이야기하고 싶어서 애가 타고 있거든요. 솔직히 말씀드리자면, 샘플 여사와의 대화는 조금 단조롭게 느껴지거든요. 그녀는 물 흐르듯이 하는 대화의 흐름을 방해하는 생각을 결코 허락하지 않거든요. 이곳 사람들에 대한 재미있는 점이랍니다. 그들의 세계는 단지 이 홀로 선 언덕이 전부이거든요. 그들은 정말로 보편적이지 않아요, 다른 세상과는 담을 쌓고 산다는 의미에요. 제가 말하는 의미를 아시겠죠? 이는 존 그리어 고아원과 똑같아요. 그곳에서 우리의 생각은 철조망의 네 면에 둘러싸여 있었고, 저는 너무 어렸고 엄청 바쁘기 때문에 그렇게 신경 쓰지 않고 살았죠. 모든 침대를 정리하고 아이들의 얼굴을 씻기고 학교에 가고 집에 와서 다시 그들의 얼굴을 씻기고, 스타킹을 꿰매고 프레디 퍼킨스의 바지를 꿰맨 후(그는 매일 바지를 찢어먹어요) 그 사이에 교과를 배우고 난 후에야, 저는 잠자리에 들 준비가 되기 때문에, 사회적 교류의 부족을 느낄 새가 없었어요. 하지만 지금은 2년 동안의 대화 교육을 받은 후라 제대로 된 대화가 몹시 그리워지고, 제 언어가 통하는 누군가를 만나는 것이 반가울 따름이에요.

아저씨, 저는 정말로 제가 미쳤다고 믿어요. 현재로서는 다른 생각이 나지 않네요. 다음번에는 좀 더 긴 편지를 쓰도록 할게요.

언제나 아저씨의
주디 올림.

추신: 상추는 올해 전혀 잘 자라지 않았어요. 시즌 초기에 너무 가물었거든요.

8월 25일

아, 아저씨, 저희 저비 주인님이 여기 오셨어요. 아주 좋은 시간을 보내고 있어요! 적어도 저는 그렇고, 그분도 그런 것 같아 보여요. 그분은 벌써 열흘이나 여기 머물고 있으며 가실 기미가 전혀 보이지 않아요. 샘플 부인이 그분을 그렇게 지나치게 귀여워하는 것은 정말 부끄러운 일이에요. 그분이 아기였을 때 그렇게까지 인내심을 가지고 모두 받아 줬을 텐데, 그분이 어떻게 이렇게 잘 성장하게 됐는지 그 이유를 알 수가 없네요.

저비 주인님과 저는 측면 현관에 놓인 작은 테이블에서 식사를 하거나 때때로 나무 아래에서, 혹은 비가 오거나 날씨가 추울 때에는 가장 좋은 거실에서 식사를 해요. 그분이 먹고 싶은 자리를 선택하면 캐리가 그를 따라 테이블을 옮겨요. 만약 캐리가 정말로 성가신 일을 겪었다면, 그리고 접시를 아주 멀리 옮겨야 했다면, 그분은 캐리를 위해 설탕 그릇 아래에 1달러를 놓아두더라고요.

그분은 정말 친근한 성격의 남자지만, 겉보기에는 전혀 그렇게 믿기 어려워요. 처음 보면 진정한 펜들턴 가문 사람처럼 보이지만, 실제로는 전혀 그렇지 않아요. 그분은 소박하고 꾸밈이 없으며, 마냥 부드러운 분이세요. 남자를 설명하는 데는 어색한 방법처럼 보이지만, 사실이 그래요. 그분은 이곳 농부들과도 매우 잘 어울려요. 그분은 그들과 마주 보고 이야기하는 방식으로 그들의 마음을 즉시 열어버린다니까요. 처음에는 그들이 매우 의심스러워했어요. 그들은 그분의 옷조차도 좋아하지 않았거든요! 그분이 입고 있는 옷은 제가 봐도 정말 놀랍다고 말할 수 있어요. 그분은 니커복커(무릎 바로 밑에서 조이게 되어 있는 헐렁한 반바지)와 주름이 있는 재킷, 흰색 플란넬 셔츠, 그리고 부풀린 바지인 승마복을 입어요. 그분이 새로운 옷을 입고 내려오면, 샘플 부인은 자랑스러운 모습으로 주위를 돌아다니며 그분을 여러 각도에서 바라보고, 그분이 앉는 곳을 조심하라고 주의를 준다고요. 샘플 부인은 그분의 옷에 먼지가 묻을까봐 몹시 두려워해요. 그건 그분을 지겹게 해요. 그래서 항상 그녀에게 이렇게 말하죠.

"가서 일 봐요, 리지. 더 이상 나에게 지시하지 말아요. 난 이제 다 컸어요."

그 커다란, 긴 다리를 가진 남자(아저씨, 아저씨만큼이나 다리가 길어요.)가 샘플 부인의 무릎에 앉아 얼굴을 씻는 모습을 상상하면 정말 우스꽝스러워요. 그녀의 무릎을 볼 때 특히 웃겨요! 그녀는 이제 두 개의 무릎과 세 개의 이중 턱을 가지고 있어요. 하지만 그분은 그녀가 한때 날씬하고 탄력 있으며 재빠르고 그보다 더 빨리 달릴 수 있었다고 말하곤 해요.

우리는 정말 많은 모험을 하고 있어요! 우리는 시골을 몇 킬로미터나 탐험했고, 나는 깃털로 만들어진 재미있는 작은 날벌레로 낚시하는 법을 배웠어요. 또한 소총과 권총 쏘는 법도 배웠고, 말을 타는 법도 배웠어요. 늙은 그로버는 놀라울 만큼 건강하답니다. 우리는 그를 사흘 동안 귀리를 먹였고, 그는 송아지를 보고 놀라서 거의 나를 태우고 멀리 도망칠 뻔했어요.

수요일

우리는 월요일 오후에 스카이 힐 산을 올랐어요. 이 근처에 있는 산인데, 그리 높은 산은 아니지만, 정상에는 눈이 없고 정상에 도달할 때는 상당히 숨이 차요. 아래 경사는 숲으로 덮여 있지만 정상은 그저 쌓인 바위와 열린 황무지뿐이에요. 우리는 해질녘까지 정상에 머물며 불을 지피고 저녁을 요리했어요. 저비 주인님이 요리를 했는데, 그분은 제가 하는 것보다 더 잘할 수 있다고 했고, 실제로도 그렇더라고요. 그분은 캠핑에 익숙하거든요. 그런다음 우리는 달빛을 받으면서 산 아래로 내려왔고, 어두운 숲길에 도착했을 때, 그분은 주머니에 가지고 있던 전구의 불빛으로 길을 밝혔어요. 매우 즐거운 시간이었답니다! 그분은 등반 내내 웃고 농담을 하며 흥미로운 이야기를 나눴어요. 그분은 제가 읽었던 모든 책과 그 외에도 많은 책을 읽으셨더라고요. 그분이 알고 있는 다양한 것들이 얼마나 놀라운지 정말 대단해요.

우리는 오늘 아침에 오랫동안 터벅터벅 걸으며 산책을 나갔다가 폭풍에 휘말렸어요. 집에 도착하기도 전에 우리의 옷은 흠뻑 젖었지만, 기분마저 축 처지지는 않았답니다. 우리가 젖은 채로 샘플 부인의 주방에 들어갔을 때 부인의 얼굴이 어떻게 변했는지 보셨으면 좋았을 거예요.

"아, 저비 주인님, 주디 양! 완전히 흠뻑 젖었네요. 아이고! 아이고! 제가 어떻게 해야 할까요? 그 멋진 새 코트가 완전히 망가졌네요."

그녀는 정말로 재미있었어요. 아저씨가 봤다면 우리가 열 살 먹은 늙은 아이고 그녀가 멍해진 어머니인 것처럼 생각했을 거예요. 한 동안 우리는 차를 마실 잼을 얻지 못할까 두려워하기도 했어요.

토요일

이 편지를 오래 전에 시작했지만, 마무리할 시간이 없었어요.

스티븐슨의 이 생각은 참으로 멋지지 않나요?

세상은 여러 가지로 가득 차 있으니, 우리는 모두 왕처럼 행
복해야 한다고 확신한다.

그것은 사실이에요. 세상은 행복으로 가득 차 있으며, 여러분
이 다가오는 행복을 받아들일 의지만 있다면 충분히 누릴 수 있
어요. 모든 비결은 유연한 사고방식에 있어요. 특히 시골에는 즐
거운 것들이 많아요. 모든 사람의 땅을 걸어 다닐 수 있고, 모든
사람의 경치를 감상하며, 모든 사람의 개천에 발을 담글 수 있어
요. 세금을 지불하지 않고도 마치 그 땅을 소유하고 있는 것처럼
즐길 수 있답니다!

＊　＊　＊　＊　＊　＊　＊　＊　＊　＊　＊　＊　＊　＊　＊　＊　＊　＊　＊　＊

지금은 일요일 밤이며, 시각은 11시쯤이고, 저는 충분한 수면
을 취해야 하지만, 저녁으로 블랙커피를 마셔서 그런지, 충분한
수면은 저와는 인연이 없네요!
　오늘 아침, 샘플 부인이 펜들턴 씨에게 매우 단호한 억양으로
말했어요.
　"우리는 11시까지 교회에 도착하기 위해 10시15분에 여기서
떠나야 해요."
　"아주 좋아요, 리지, 당신은 마차를 준비해 두고, 제가 갈 준비

가 안 되어 있으면 기다리지 말고 그냥 출발하세요."라고 저비 주인님이 말했어요.

"기다릴게요." 그녀가 말했어요.

"원하시는 대로 해요. 다만 말들이 너무 오래 서 있지 않게 해요." 그분이 말했어요.

그 후 샘플 부인이 옷을 입는 동안, 그분은 캐리에게 점심 도시락을 준비하라고 말했고, 나에게는 산책을 하기 위한 옷으로 급히 갈아입으라고 지시했어요. 우리는 뒷문으로 나가 낚시를 하러 갔답니다.

그것은 가정에 끔찍한 불편을 초래했어요. 왜냐하면 록 윌로우 농장에서는 일요일에 2시에 식사를 하거든요. 그런데 그분은 7시에 식사를 주문했어요. 그분은 자신이 원하는 시간에 식사를 주문했어요. 이곳이 마치 식당인 것처럼 보이나 봐요. 이는 캐리와 아마사이가 마차를 타고 가는 나들이를 못 가게 했어요. 그런데 그분은 그들이 보호자를 동반하지 않고 나가는 것은 적절하지 않기 때문에 오히려 잘 된 일이라고 말하지 뭐에요. 어쨌든 그분은 저와 마차를 타고 나들이를 갔으면서 말이죠. 아저씨는 이렇게 말도 안 되는 웃기는 이야기를 들어본 적이 있으신가요?

그리고 불쌍한 샘플 부인은 일요일에 낚시를 하는 사람들은 나중에 뜨거운 지옥에 간다고 믿고 있답니다! 그녀는 그분이 어리고 무력했을 때 더 잘 가르치지 못한 것에 대해 엄청난 걱정을 하고 있으며, 그런 기회를 놓친 것에 대해 안타까워하고 있어요.

게다가 그녀는 그분을 교회에서 자랑하고 싶어 했거든요.

어쨌든, 우리는 낚시를 했어요(그분은 작은 물고기 네 마리를 잡았어요). 그리고 우리는 캠프파이어에서 점심으로 그것들을 요리했고요. 그것들을 꼬챙이에 끼워서 불로 익혀 먹었어요. 그래서 불에 그슬린 고기에서 재 맛이 났지만 우리는 그것을 그냥 먹었어요. 우리는 4시에 집에 도착하고, 5시에 마차로 드라이브를 나갔다가, 돌아와서 7시에 저녁을 먹었어요. 그리고 11시에 저는 잠자리에 들었답니다. 그리고 지금 저는 아저씨에게 편지를 쓰고 있어요.

조금씩 졸리기 시작하네요.

안녕히 주무세요.

여기 제가 잡은 한 마리 물고기의 사진이 있어요.

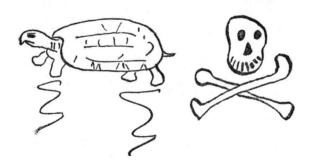

배가 왔어요, 키다리 선장님!

그만! 단단히 묶으라고! 요호호, 럼주 한 병과 함께. 제가 지금 읽고 있는 책은 무엇일까요? 지난 이틀 동안의 대화는 해양과 해적에 관한 것이었어요.《보물섬》이 재미있지 않나요? 아저씨는 그것을 읽어본 적이 있으세요? 아니면 아저씨가 소년일 때는 그 책이 출판되지 않았나요? 스티븐슨은 원고료로 겨우 30파운드를 받았다네요. 위대한 작가가 되는 것이 과연 보람이 있을까요? 아마도 저는 차라리 학교에서 학생을 가르치는 교사가 될지도 모르겠어요.

제 편지들이 이렇게 스티븐슨에 대한 내용으로 가득 차 있게 되어 죄송해요. 현재 제 마음은 그와 깊이 연결되어 있어요. 스티븐슨은 록 윌로우 농장의 서재에서 만나볼 수 있어요.

나는 이 편지를 두 주 동안 쓰고 있었고, 이제 충분한 것 같다고 생각해요. 아저씨, 내가 자세하게 쓰지 않는다고 말씀하시지는 않길 바랄게요. 아저씨도 여기 계셨으면 좋았을 텐데요. 우리 모두 함께 즐거운 시간을 보낼 수 있을 테니까요. 나는 다양한 친구들이 서로를 알아가는 것을 좋아해요. 나는 펜들턴 씨에게 뉴욕에서 아저씨를 알고 있는지 물어보고 싶었어요. 그분이 아저씨를 알 가능성이 있을 것이라고 생각했거든요. 두 분은 비슷한 사회적 상류층에서 활동하고, 개혁과 같은 것에 관심이 있으시니까요. 하지만 나는 아저씨의 진짜 이름을 모르기 때문에 물어볼 수가 없었답니다.

아저씨의 이름을 알지 못하는 것은 제가 들어본 것 중 가장 무의미한 일이에요. 립펫 원장님이 아저씨가 괴짜라고 저에게 경고했어요. 그런 생각이 드는 것은 동감이에요!

애정 어린
주디 올림.

추신: 편지를 다시 읽어보니, 모두 스티븐슨의 것만 있는 것이 아니라는 것을 알게 되었어요. 저비 주인님에 대한 간헐적인 언급이 한두 개 있네요.

9월 10일
아저씨께

저비 주인님은 떠났고, 우리는 그를 그리워하고 있어요! 사람들, 장소 또는 생활 방식에 익숙해졌다가 갑자기 그것들이 사라지면 정말로 허전하고 쪼아대는 느낌이 들어요. 저는 샘플 부인의 대화가 다소 맛이 없는 음식처럼 느껴지고 있어요.

2주 후에는 방학이 끝나고 개학을 해요. 다시 공부를 시작하게 되어 기뻐요. 사실 저는 이번 여름에 꽤 많은 작업을 했어요. 짧은 이야기 6편과 시 7편을 썼어요. 제가 잡지에 보낸 작품들은 모두 가장 정중하고 신속하게 돌아왔어요. 그러나 저는 개의치 않아요. 좋은 연습이 되거든요. 저비 주인님이 그것들을 읽어보았는데, 그분이 우편물을 가져왔기에 그분이 읽는 것을 막을 수는 없었어요. 그리고 그분은 그것들이 끔찍하다고 말했어요. 제가 말하고자 하는 바가 전혀 담겨 있지 못했음을 보여주었기 때문이래요(저비 주인님은 예의가 진실을 방해하는 것을 허락하지 않아요.). 하지만 제가 작성한 마지막 작품, 즉 대학을 배경으로 한 작은 스케치는 나쁘지 않다고 말했어요. 그분은 그것을 타이핑하여 잡지사에 보냈어요. 2주 정도 지났고, 아마도 지금 잡지사에서 검토 중인 것 같아요.

하늘을 보셔야 해요! 가장 묘한 주황색 빛이 하늘을 뒤덮고 있어요. 곧 폭풍우가 올 것 같아요.

* * * * * * * * * * * * * * * * * * * *

바로 그 순간 25센트 동전만큼 큰 빗방울이 떨어지고 모든 덧문이 쾅쾅 닫히는 것으로 시작되었어요. 캐리가 지붕이 새는 곳에 두기 위해 우유 냄비를 한 아름 들고 다락방으로 달려가는 동안, 나는 창문을 닫으려고 달려가야 했어요. 그러고 나서, 내가 펜을 다시 잡으려 할 때, 나는 내가 쿠션과 양탄자, 모자, 그리고 매튜 아놀드의 시를 과수원의 나무 밑에 두고 왔다는 것이 기억났어요. 그래서 나는 그것들을 가지러 달려갔는데, 그만 모두 흠뻑 젖어 있었어요. 시의 붉은 표지가 안쪽으로 흘러 들어갔고 앞으로의 《도버 비치》(영국 시인 매튜 아놀드의 서정시)는 이제 분홍색 파도에 의해 씻겨 질 것 같아요.

폭풍우는 시골에서는 엄청난 방해가 되고 있어요. 밖에 있는 망가질 수 있는 물건들을 항상 생각해야 하거든요.

목요일

아저씨! 아저씨! 어떻게 생각하세요? 우편배달부가 방금 두 통의 편지를 가지고 왔어요.

첫 번째 편지. 제 이야기가 잡지사에서 받아들여졌어요. 50달러. 그러므로! 저는 이제 저자랍니다.

두 번째 편지. 대학 사무국에서 온 편지에요. 저는 2년간의 장학금을 받을 수 있게 되었어요. 이 장학금은 졸업생이 "국문학에서 뛰어난 능력과 기타 분야에서도 일반적으로 우수한 성과"를 인정하여 설립한 것이라네요. 그리고 제가 이 장학금을 받게 되었다는 거예요! 떠나기 전에 신청했지만, 수학과 라틴어에서의 신입생 시절 나쁜 성적 때문에 받을 수 있을지 전혀 알지 못했어요. 하지만 결국 성적을 회복한 것 같아요. 아저씨, 정말 기뻐요. 이제 더 이상 아저씨께 부담이 되지 않을 것 같아요. 매달 지급되는 용돈만으로도 충분할 것이고, 어쩌면 글쓰기나 과외 등으로 그 용돈을 벌 수 있을지도 모르겠어요.

저는 어서 학교로 다시 돌아가서 '미친 듯이' 공부를 시작하고
싶어요.

아저씨의 영원한
주디 애벗 올림.

《2학년생들이 경기를 이겼을 때》의 저자.
모든 신문 가판대에서 판매 중, 가격은 10센트.

9월 26일
키다리 아저씨께

대학에 다시 돌아왔고, 이제 저는 3학년이 되었답니다. 올해 우
리의 공부방은 그 어느 때보다도 좋아요. 남쪽을 바라보는 두 개
의 큰 창문이 있으며, 정말 잘 꾸며져 있어요. 제한 없는 용돈을
받는 줄리아가 이틀 먼저 도착해서, 열심히 방을 정리했거든요.

우리는 새로운 벽지를 바르고 동양식 양탄자를 깔고, 그리고
마호가니 의자를 들여 놓았어요. 작년에 우리를 충분히 행복하
게 했던 페인팅된 마호가니가 아니라, 진짜 마호가니에요. 매우
멋지다고 생각은 하지만, 저는 이곳이 좀 낯설어요. 잉크가 떨어
져 얼룩이라도 생길까봐 두려워서 항상 긴장하고 있어요.

그리고 아저씨, 제가 아저씨의 편지를 기다리고 있었어요. 아

니죠, 아저씨의 비서의 편지를 기다리고 있었던 거죠.

저에게 그 장학금을 받지 말아야 할 명확한 이유를 친절히 말씀해 주시겠어요? 저는 아저씨의 반대가 전혀 이해되지 않아요. 어쨌든 제가 이미 장학금을 받았기 때문에 아저씨가 반대해도 전혀 소용이 없어요. 저는 바꿀 생각이 없거든요! 다소 불손하게 들릴 수도 있지만, 그런 의도는 아니에요.

저는 아저씨가 제 교육을 맡았을 때, 저의 교육 과정이 마무리되고, 졸업장이라는 형태로 깔끔한 마침표를 찍고 싶어 하신다고 생각해요.

하지만 잠깐 제 입장에서 봐 주시기를 바랄게요. 저는 제 교육은 아저씨 덕분에 받을 것이며, 아저씨가 전부를 지불하셨다고 해도 마찬가지로 감사해요. 제가 아는 바와 같이 아저씨는 제가 돈을 갚기를 원치 않으시겠지만, 그럼에도 불구하고 저는 가능하다면 갚고 싶어요. 제가 그렇게 많은 빚을 지지 않게 될 것 같아요. 이 장학금을 받게 되면서 그 일이 훨씬 수월해질 수 있기 때문이에요. 저는 제 남은 인생을 빚을 갚는 데에 사용할 것이라고 예상했으나, 이제는 그 중 절반만 사용하면 될 것 같거든요.

아저씨가 제 입장을 이해해 주시길 바라며, 화내지 않으시길 바랄게요. 주어진 용돈은 여전히 매우 감사하게 받겠어요. 줄리아와 그녀의 가구에 맞추어 사는 데는 용돈이 필요하거든요! 그녀가 더 간소한 취향으로 성장했거나, 아니면 그녀가 제 룸메이트가 아니라면 좋았을 텐데요.

이 편지는 그리 길지 않네요. 더 많은 내용을 작성하고자 했으나, 저는 네 개의 창 커튼과 세 개의 칸막이 커튼을 바느질하고(아저씨가 바늘땀의 길이를 보지 못해 다행이에요.) 치약으로 황동 책상 세트를 닦고(매우 힘든 작업이에요.) 매니큐어 가위를 사용해 그림 걸이에 쓸 철사도 자르고, 네 개의 책 상자를 풀고, 두 개의 트렁크에 들어 있는 옷도 정리하며(제루샤 애벗이 두 개의 트렁크에 가득한 옷을 소유하고 있다는 것이 믿기지 않지만, 사실이에요!) 그 사이에 사랑하는 친구 50명과 반갑게 맞이하고 있었어요.

개학일은 기쁜 행사예요!

안녕히 주무세요, 아저씨. 아저씨의 사랑스러운 병아리가 스스로 일어서려 하는 것에 대해 화내지 마세요. 그녀는 굉장히 기운 넘치는 작은 암탉으로 성장하고 있어요. 아주 당당한 꼬끼오 소리와 많은 아름다운 깃털을 가지고 있답니다(모두 아저씨 덕분에요).

애정 어린
주디 올림.

9월 30일

아저씨께

아직도 그 장학금에 대해 계속 이야기하고 계신가요? 저는 아저씨와 같은 사람을 본 적이 없어요. 그런 고집이 세고 변명하지 않으며, 다른 사람들의 관점을 이해하지 못하는 사람 말이죠.

아저씨는 제가 낯선 사람으로부터 호의를 받지 않기를 원하시죠?

낯선 사람들! 그러면 아저씨는 누구신가요?

세상에 제가 아는 사람 중에 아저씨보다 모르는 사람이 있을까요? 만약 길에서 아저씨를 만난다면 저는 알아보지 못할 거예요. 이제 보세요, 만약 아저씨가 정상적이고 합리적인 사람으로서, 아저씨의 작은 주디에게 따뜻하고 격려하는 아버지 같은 편지를 썼다면, 가끔 그녀의 머리를 쓰다듬어 주며 그녀가 그렇게 훌륭한 아이라는 것에 기뻐한다고 말했더라면, 아마 그녀는 아저씨의 노년을 무시하지 않았을 것이고, 충성스러운 딸로서 아저씨의 가장 사소한 소망도 따랐을 거예요.

낯선 사람들이라니요! 스미스 씨는 유리 온실에 사시는군요?

게다가, 장학금은 호의가 아니라 상과 같은 것이에요. 내가 열심히 노력해서 얻은 것이고요. 만약 국어를 충분히 잘 하는 사람이 없었다면, 위원회는 장학금을 수여하지 않았을 것이에요. 어떤 해에는 장학금을 수여하지 않기도 해요. 하지만 남자와 논쟁하는 것이 무슨 소용이겠습니까? 스미스 씨는 논리적 사고가 결여되어 있어요. 남자를 관리하기 위해서는 두 가지 방법이 있다고 해요. 부드럽게 유도하거나 동의하지 않거나. 나는 내가 원하는 것을 위해 사람들을 부드럽게 유도하는 것을 경멸해요. 그래서 나는 동의하지 않기로 했어요.

저는 장학금을 포기할 수 없어요. 만약 더 이상 소란을 피우신다면, 매월 주시는 용돈도 거부할 것이며, 어리석은 신입생들을 가르치는 과외를 해서 신경 쇠약에 걸리고 말거예요.

이것이 제 최후통첩이에요!

그리고 들어보세요. 제가 생각한 또 다른 방안이 있어요. 아저씨가 걱정하시는 것처럼 이 장학금을 받는 것이 다른 누군가의 교육을 빼앗는 것이라고 생각하신다면, 제가 받지 않는 이 돈을 존 그리어 고아원의 다른 소녀의 교육에 사용할 수 있어요. 이게 좋은 아이디어라고 생각하지 않으세요? 단, 아저씨, 새로 교육할 소녀를 마음껏 교육시키시되, 저보다 더 좋아하시지는 마세요.

아저씨의 비서가 편지에서 제안한 사항에 대해 내가 거의 관심을 기울이지 않기 때문에 상처 입지 않을 것이라고 믿어요. 하지만 만약 그가 다치게 된다면 어쩔 수 없어요. 그는 철없는 아이에요, 아저씨. 나는 지금까지는 변덕에 순응해 줬지만, 이번에는 단호하게 대처할 생각이에요.

아저씨의,

마음을 담아,

영원히 결심을 되돌릴 수 없는

제루샤 애벗 올림.

11월 9일

키다리 아저씨께

오늘 시내에 가서 구두 광택제 한 병과 몇 개의 옷깃, 새로운 블라우스에 필요한 재료, 제비꽃 크림 한 통, 그리고 카스틸 비누 한 덩이를 사기 위해 나섰어요. 이 모든 것이 항상 필요했기 때문에, 없으면 다음 날도 행복할 수 없었어요. 그러나 차비를 지불하려고 했을 때, 다른 코트의 주머니에 지갑을 두고 왔다는 사실을 알았어요. 그래서 저는 차에서 다시 내려 다음 차를 타야 했고, 결국 체육 강의가 있는 체육관에 늦게 도착하게 되었어요.

기억력이 흐릿한 사람이 두 벌의 외투가 있다는 것은 끔찍한 일이에요!

줄리아 펜들턴이 크리스마스 연휴 동안 저를 초대했어요. 스미스 씨, 이 소식이 어떠신가요? 존 그리어 고아원의 제루샤 애벗이 부유한 사람들의 테이블에 앉아 있는 모습을 상상해 보세요. 줄리아가 왜 저를 초대했는지는 모르겠지만 최근에 저에게 꽤 관심을 가지고 있는 것 같아요. 솔직히 말하자면, 저는 샐리의 집에 가는 것이 더 좋겠지만, 줄리아가 저를 먼저 초대했기 때문에, 만약 제가 어디론가 간다면, 우스터가 아니라 뉴욕으로 가야 할 것 같아요. 펜들턴 가족을 대면할 생각에 저도 조금 긴장이 되며, 많은 새 옷도 필요할 것 같아요. 그러니 아저씨, 만약 제가 조용히 대학에 남아있기를 원한다고 편지를 써 주신다면, 저는 항상 그랬듯이 기꺼이 아저씨의 소망에 따르겠어요.

저는 가끔씩《토마스 헉슬리의 삶과 편지》를 접하고 있어요. 자투리 시간에 읽기 좋은 가벼운 내용이에요. 시조새가 무엇인지 아세요? 그것은 새에요. 그리고 스테레오그나투스는요? 저도 확실하지 않지만, 아마도 이는 치아가 있는 새이거나 날개가 있는 도마뱀일 것이라고 생각해요. 아니요, 그것도 아니에요. 방금 책에서 확인했어요. 그것은 중생대 포유류네요.

이것은 현존하는 스테레오그나투스의
유일한 사진이에요.

이 동물은 뱀과 같은 머리, 개와 같은 귀, 소와 같은 발, 도마뱀과 같은 꼬리, 백조와 같은 날개를 가지고 있으며, 부드럽고 고운 털로 덮인 사랑스러운 고양이와 같은 모습이에요.

저는 올해 경제학을 선택했어요. 매우 계몽적인 과목이에요. 이 과목을 끝내고 나면 자선과 개혁을 수강할 예정이에요. 그때가 되면, 신탁 위원님, 고아원은 어떻게 운영하는지 정확히 알게 될 거예요. 제가 선거권리가 있다면 훌륭한 유권자가 될 것이라고 생각하지 않으세요? 저는 지난주에 21살이 되었어요. 이렇게 정직하고 교육받은, 양심적이며 지적인 시민을 낭비하는 것은 매우 비효율적인 나라라고 생각해요.

언제나 아저씨의
주디 올림.

12월 7일
키다리 아저씨께

줄리아의 초대에 방문할 수 있도록 허락해 주셔서 고맙습니다. 침묵은 동의를 의미하는 것으로 이해하겠어요.

사교적인 행사들 때문에 정신이 하나도 없네요! 지난주에 개교기념 무도회가 열렸어요. 올해는 우리가 참석할 수 있는 첫 해였으며, 오직 고학년 학생들만 참석할 수 있었어요.

저는 지미 맥브라이드를 초대했고, 샐리는 그가 지난여름 캠프에서 만났던 프린스턴 대학의 지미 룸메이트를 초대했어요. 그 친구는 빨간 머리를 가진 매우 멋진 남자애예요. 그리고 줄리아는 뉴욕에서 온 사회적으로 흠잡을 데 없는 남자를 초대했는데, 그 남자는 치체스터 가문과 관계가 있어요. 아마도 이게 아저씨에게는 의미가 있을지 모르겠네요? 저에게는 전혀 의미가 없어요.

그러나 우리의 손님들은 금요일 오후에 4학년 강의실 복도에서 차를 마시기 위해 도착한 후, 저녁 식사를 위해 호텔로 바로 내려갔어요. 호텔이 너무 만원이라 그들은 당구대 위에서 줄을 지어 잠을 잤다고 하네요. 지미 맥브라이드는 다음에 이 대학의 행사에 초대받을 경우, 애디론댁 텐트를 하나 가져와 캠퍼스에 설치하겠다고 말하더라고요.

초대받은 손님들은 7시 30분에 총장의 환영회와 무도회에 참석하기 위해 돌아왔어요. 우리의 행사들은 일찍 시작됩니다! 우리는 미리 남성들의 카드들을 모두 작성해 두었고, 각 춤이 끝난 후에는 남자들의 이름을 나타내는 성의 첫 글자가 적힌 카드 아래에 모이게 해서 남겨 두어, 다음 파트너들이 쉽게 찾을 수 있도록 했어요. 예를 들어, 지미 맥브라이드는 'M' 아래에 인내심을 가지고 서 있으면 되요(그런데 지미 맥브라이드는 계속 어딘가로 돌아다니면서 'R'과 'S', 그리고 다양한 다른 글자들과 섞이곤 했어요.). 지미 맥브라이드는 매우 성가신 손님인 것 같아요. 그는 나와 댄스를 세 번밖에 못 춘 것 때문에 기분이 좋지 않았나 봐요. 그는 모르는 여자와 춤을 추는 것이 수줍고 떨린다고 말하더라고요!

다음 날 아침, 우리는 글리 클럽(주로 학생들로 구성된 합창단)의 공연이 있었어요. 그리고 그런 특별한 날을 위해 만들어진 재미있는 새로운 곡을 누가 작곡했는지 아세요? 제가 했어요. 정말이라고요. 아저씨께 말씀드리지만, 아저씨의 어린 고아는 점점 더 주목받는 인물이 되어가고 있어요!

어쨌든, 우리는 이틀 동안 정말 즐거웠고, 남자들도 재미있었던 것 같아요. 처음에는 천 명의 여학생들을 마주할 생각에 꽤 당황했지만, 그들은 매우 빠르게 적응하더라고요. 두 명의 프린스턴 남학생들도 멋진 시간을 보냈어요. 적어도 그들은 그런 식으로 정중하게 말했고, 다음 봄에 프린스턴 대학의 무도회에 초대하겠다고 했어요. 우리는 초대를 이미 수락했으니, 제발 반대하지 말아주세요, 아저씨.

줄리아와 샐리, 그리고 저 모두 새 드레스를 입었어요. 그 드레스들에 대해 궁금하시죠? 줄리아의 드레스는 크림색 새틴에 금색 자수가 장식되어 있었고, 보라색 난초를 착용했어요. 그것은 '꿈에서나 볼 것 같은' 드레스로 파리에서 온 것이며, 가격은 백만 달러에 달했어요.

샐리의 드레스는 페르시아 자수로 장식된 연한 파란색이었으며, 붉은 머리와 아름답게 잘 어울렸어요. 가격은 백만 달러에 미치지 않지만, 줄리아의 것만큼이나 효과적으로 아름다웠어요.

제 드레스는 담갈색 레이스와 장미색 새틴으로 장식된 옅은 분홍색 크레이프 드 신이었어요. 그리고 저는 지미 맥브라이드가 보내준 선홍색 장미를 들고 있었으며(샐리가 어떤 색을 선택해야 할지 지미에게 알려주었어요.), 우리는 모두 실크 스타킹에 새틴 슬리퍼, 그리고 잘 어울리는 시폰 스카프를 두르고 있었답니다.

이러한 여자들의 옷차림에 대한 세부적인 내용을 듣고 깊은 인상을 받으셨을 거예요!

아저씨, 남자의 무채색의 삶에 대해 생각하지 않을 수 없네요. 쉬폰과 베네치아 포인트와 손 자수 및 아일랜드 코바늘 뜨개질은 남자들에게 단지 공허하고 무의미한 단어일 뿐이라는 사실을 반영하면 말이에요. 반면에, 여자는 아기, 미생물, 남편, 시, 하인, 평행사변형, 정원, 플라톤 또는 브리지에 관심이 있든 없든 관계없이 본질적으로 항상 옷에 관심이 있어요.

그것은 온 세상을 하나로 연결해 주는 자연의 손길이에요(이 구절은 제가 말한 것이 아니고, 셰익스피어의 작품 중 하나에서 가져왔어요.).

이제는, 다시 하던 이야기를 시작할게요. 제가 최근에 발견한 비밀을 말씀해 드릴까요? 그리고 제가 허세 부린다고 생각하지 않겠다고 약속하실 건가요? 그러면 들려드리죠.

저는 꽤 예뻐요.

정말로요. 방에 세 개의 거울이 있는데 이를 모른다면 정말 바보가 될 거예요.

어느 한 친구가.

추신: 이번 편지는 소설에서 읽는 그 악랄한 익명의 편지 중 하나예요.

12월 20일

키다리 아저씨께

저는 시간이 별로 없지만, 두 개의 강의에 참석하고, 트렁크와 여행가방을 챙기고, 오후 4시 기차를 타야 해요. 그러나 크리스마스 선물에 대한 제 감사의 마음을 전하지 않고는 떠날 수 없었어요.

모피와 목걸이, 스카프, 장갑과 손수건, 책과 지갑 모두 마음에 들어요. 그리고 무엇보다도 나는 아저씨를 사랑합니다! 하지만 아저씨, 이렇게 저를 망치는 것은 옳지 않아요. 나는 단지 보통 인간일 뿐이며, 그것도 한 여자랍니다. 아저씨가 이렇게 세속적인 사치로 나를 유혹하면, 내가 어떻게 학업에 전념할 수 있겠어요?

저는 현재 존 그리어 재단의 신탁 위원 중 누가 크리스마스트리와 일요일 아이스크림을 제공했는지에 대한 강한 의혹을 가지고 있어요. 그분은 이름이 없었지만 그의 행위로 알 수 있어요! 아저씨가 행하는 모든 좋은 일들에 대해 행복할 자격이 있어요.

안녕히 계세요, 그리고 즐거운 크리스마스 되시기를 바랄게요.

언제나 아저씨의
주디 올림.

추신: 작은 선물도 함께 보내드렸어요. 아저씨가 절 알아보신다면, 좋아할 것 같으신가요?

1월 11일

아저씨, 저는 도시에서 아저씨께 편지를 쓰려고 했습니다만, 뉴욕은 마음을 사로잡는 장소예요.

흥미롭고 계몽적인 시간을 가졌지만, 제가 그런 가족에 속하지 않아서 정말 기쁩니다! 사실 저는 존 그리어 고아원에서 자란 것이 더 낫다고 생각해요. 제 양육에 있어서 환경적으로 단점이 있더라도, 최소한 그곳에는 어떤 위선은 없었어요. 사람들이 '물질적인 것에 눌린다.'고 할 때 그 의미를 이제 알 것 같아요. 그 집의 물질적 분위기가 매우 압도적이었고, 저는 돌아오는 급행열차에 오르기 전까지 깊은 숨을 제대로 쉴 수 없었어요. 모든 가구는 조각되어 있고 장식이 되어 있으며, 매우 화려했어요. 제가 만난 사람들은 아름답게 차려입고 목소리는 낮고, 교육받은 사람들이었지만, 제가 아저씨께 드리는 진실은, 도착한 이후부터 떠나기까지 진정한 대화를 한 마디도 듣지 못했다는 것이에요. 저는 그 집의 정문을 통해 제대로 된 생각이 들어온 적이 없다고 생각해요.

펜들턴 부인은 보석과 의상실, 사교 행사 외에는 아무것도 생각하지 않아요. 그녀는 맥브라이드 부인과는 다른 종류의 어머니처럼 보였다니까요! 제가 만약 결혼하고 가정을 가지게 된다면, 맥브라이드 가족처럼 최대한 비슷하게 만들겠어요. 세상의 모든 돈을 다 주어도 제 자녀가 펜들턴 가족처럼 발전하는 것은 결코 허용하지 않겠어요. 초대해 준 사람들을 비판하는 것이 예의에

어긋나는 것일까요? 만약 그렇다면, 용서해 주시기 바랄게요. 이것은 아저씨와 저 사이의 매우 긴밀한 비밀 이야기로 해요.

나는 저비 주인님을 차 마시는 시간에 한 번 만났을 뿐, 그때도 그와 단독으로 이야기할 기회가 없었어요. 지난여름 함께 즐거운 시간을 보낸 이후로는 제대로 이야기할 기회가 없어서 다소 실망스러웠어요. 그분은 자신의 친척들에게 그다지 관심이 없는 것 같아요. 친척들도 그분에게 별로 관심이 없는 것 같고요! 줄리아의 어머니는 저비 주인님이 불안정하다고 말씀하세요. 그분은 사회주의자예요. 다행히도 그분은 머리를 기르거나 빨간 넥타이를 매지는 않아요. 줄리아의 어머니는 그분이 어디서 그런 이상한 사상을 얻게 되었는지 알 수가 없데요. 펜들턴 가문은 여러 대에 걸쳐 영국 성공회 신자거든요. 그는 요트, 자동차, 폴로용 말과 같은 것에는 돈을 쓰지 않고, 분별이 없이 엉뚱한 개혁에 돈을 낭비해요. 하지만 다행히도 그분은 사탕을 구입하는 데는 돈을 쓴답니다! 크리스마스 선물로 줄리아와 저에게 각각 한 상자씩 사탕을 보내주셨거든요.

아저씨도 알다시피, 저도 사회주의자가 될까 봐요. 아저씨, 괜찮으시겠죠? 그들은 무정부주의자들과는 상당히 달라요. 사람들을 폭파시키는 짓을 하지 않거든요. 아마 저는 줄곧 사회주의자였던 것 같아요. 저는 프롤레타리아에 속하니까요. 아직 어떤 종류의 사회주의자가 될 것인지 결정하지 않았어요. 주말 동안 이 주제를 살펴보고, 다음 편지에 제 원칙을 말해드릴게요.

나는 뉴욕에서 많은 극장과 호텔, 아름다운 집들을 보았어요. 내 마음속은 줄 마노(원석의 모양이 말의 뇌수를 닮았다고 하여 '마노' 라는 이름이 붙여졌다. 마노는 수정류와 같은 석영광물)와 금박 장식, 모자이크 마루, 야자수들이 마구잡이로 뒤엉켜 혼란스러워요. 여전히 상당히 숨이 차지만, 대학과 내 책들로 돌아가는 것이 기뻐요. 내가 정말로 학생이긴 한가 봐요. 이 학문적 평온의 분위기가 뉴욕보다 더 상쾌한 느낌을 주니까요. 대학 생활은 아주 만족스러워요. 책과 학습, 규칙적인 강의는 정신적으로 살아 있게 해 주며, 마음이 피로해질 때는 체육관과 야외 운동이 있으며, 항상 같은 생각을 하고 있는 많은 친밀한 친구들이 있으니까요. 우리는 저녁 내내 오로지 이야기하는 데 보냅니다. 그리고 마치 우리가 어떤 시급한 세계 문제들을 영구적으로 해결한 것처럼 매우 고양된 기분으로 잠자리에 들어요. 그리고 틈만 나면, 항상 많은 허튼소리, 발생하는 사소한 일들에 대한 웃긴 농담들을 하죠. 하지만 매우 만족스럽답니다. 우리는 우리의 재치 있는 농담들을 정말로 높이 평가하거든요!

가장 중요한 것은 크고 대단한 즐거움이 아니라, 작은 것들에서부터 큰 의미를 찾는 것이에요. 아저씨, 저는 행복의 진짜 비결을 발견했어요. 그것은 바로 현재에 사는 것이에요. 과거를 계속 후회하거나 미래를 예상하는 것이 아니라, 지금 이 순간에 최선을 다하는 거예요. 이는 농업과 같아요. 광범위한 농업과 집약적 농업이 있을 수 있는데, 저는 이제부터 집약적인 삶을 살려고 해요. 매 순간을 즐기고, 그 순간을 즐기는 동안 제가 즐기고 있다는 것을 알게 될 거예요. 대부분의 사람들은 그렇게 살고 있지 않아요. 그들은 단지 경쟁할 뿐이죠. 그들은 멀리 있는 어떤 목표에 도달하려고 애쓰며, 이동 중에 숨이 차고 헐떡거려 자신들이 지나치는 아름답고 평화로운 풍경을 잊어버리죠. 그리고 그들이 아는 첫 번째 사실은, 그들은 늙고 지쳐 있으며, 목표에 도달했는지 여부는 더 이상 중요하지 않다는 것이에요. 나는 길을 지나가다 앉아 여러 작은 행복들을 쌓기로 결심했어요. 비록 내가 결코 위대한 작가가 못되더라도 아저씨는 내가 발전해 가고 있는 이처럼 철학적인 여자를 알고 계시죠?

아저씨의 영원한
주디 올림.

추신: 비가 억수같이 쏟아지고 있어요. 두 마리의 강아지와 한 마리의 고양이가 방금 창턱에 내려앉는 것처럼 빗방울이 창문을 요란하게 두드리고 있어요.

친애하는 동지에게,

우와! 나는 페이비언이 되었어요.

기다릴 준비가 된 사회주의자죠. 우리는 사회 혁명이 내일 아침에 도래하기를 원하지 않아요. 그것은 너무 충격적이니까요. 우리는 모든 사람이 준비되어 있고 그 충격을 견딜 수 있는 먼 미래에 점차적으로 오기를 원해요.

그동안 우리는 산업, 교육 및 고아원 개혁을 시행함으로써 준비해야 해요.

동지애를 담아
주디 올림.

월요일, 3시.

2월 11일
키다리 아저씨께

이 글이 너무 짧아서 기분이 상하지 않으셨으면 좋겠어요. 이것은 편지가 아니라, 시험이 끝난 후 곧 편지를 쓸 것임을 알리는 쪽지 같은 한 줄의 글이거든요. 저는 단순히 그냥 합격하는 것이 아니라, 우수한 성적으로 합격하는 것이 필요해요. 장학금을 수여받았기 때문에 더욱 그래요.

학업에 매진하는
주디 애벗 올림.

3월 5일

키다리 아저씨께

카일러 총장님이 오늘 저녁 현대 세대가 경솔하고 피상적이라고 언급하며 연설을 시작하셨어요. 우리가 진지한 노력과 진정한 학문의 고전적 이상을 잃어가고 있다고 말씀하시더군요. 특히 조직된 권위에 대해 느끼는 우리의 무례한 태도에서 이러한 하락이 더욱 두드러지게 나타나고 있다고 하시네요. 우리는 더 이상 우리의 웃어른들에게 적절한 경의를 표하지 않고 있다고 하세요.

나는 예배가 끝난 후 매우 진지한 마음으로 교회에서 나와 기숙사로 돌아왔어요.

제가 너무 친근하게 대하고 있나요, 아저씨? 좀 더 존중하고 거리감을 두어야 할까요? 네, 제가 그렇게 해야 한다는 거죠. 다시 시작하겠어요.

✱ ✱

존경하는 스미스님

귀하께서 기쁘게 들어주실 소식은, 제가 중간 기말시험을 성공적으로 통과하였고, 이제 새로운 학기에 들어간다는 것입니다. 저는 정성 분석 과정을 마치고 화학을 떠나 생물학 공부에 들어

갑니다. 저는 이 과목에 약간의 망설임을 가지고 접근하고 있습니다. 왜냐하면 제가 이해하기로는 저희가 지렁이들과 개구리를 해부하기 때문입니다.

지난 주 예배당에서 남부 프랑스의 로마 유적에 관한 매우 흥미롭고 가치 있는 강연이 열렸습니다. 이 주제에 대한 이러한 통찰력 있는 설명을 여태껏 들어본 적이 없습니다.

저희는 국문학 과목과 관련하여 워즈워스(새뮤얼 테일러 콜리지와 함께 쓴《서정 담시집》으로 영문학에 있어 낭만주의를 개창하는데 기여한 영국의 중요한 낭만주의 시인)의《틴턴 수도원》을 읽고 있습니다. 얼마나 정교한 작품인지, 그리고 그의 범신론적 개념을 얼마나 온전히 구현하고 있는지에 대해 감탄하지 않을 수 없습니다! 지난 19세기 초의 낭만주의 운동은 셸리, 바이런, 키츠, 워즈워스와 같은 시인들의 작품에서 잘 드러나며, 저에게는 그 이전의 고전적 시기에 비해 훨씬 더 큰 매력을 발산합니다. 시에 관해서 말씀드리자면, 테니슨의《락슬리 홀》이라는 매력적인 작품을 읽어본 적이 있으십니까?

최근에 저는 체육관에 매우 규칙적으로 참석하고 있습니다. 감독 시스템이 마련되어 있으며, 규칙을 준수하지 않을 경우 상당한 불편이 초래됩니다. 체육관은 전직 졸업생의 선물인 아름다운 시멘트와 대리석으로 된 수영장이 구비되어 있습니다. 제 룸메이트인 맥브라이드 양은 더 이상 입을 수 없게 된 자신의 수영복을 제게 주었고(수영복이 너무 줄어서 못 입는 다네요.), 저는 수영 강습을 시작하려고 합니다.

어젯밤 우리는 맛있는 분홍색 아이스크림을 디저트로 먹었습니다. 음식의 색상을 위해 오로지 식물성 염료만 사용됩니다. 이 대학은 미적 및 위생적인 이유로 아닐린 염료의 사용에 대해 강한 반대 입장을 취하고 있습니다.

최근 날씨는 이상적이었습니다. 밝은 햇살과 드문드문 나타나는 날씨에 반가운 눈보라가 섞여 있습니다. 저와 제 친구들은 강의를 왔다 갔다 하며 산책을 즐겼습니다.

신뢰하는, 존경하는 스미스님, 평소 좋은 건강 상태를 유지하시기를 바랍니다.

저는 그대로 있습니다,
가장 진심으로
제루샤 애벗 올림.

4월 24일
아저씨께

봄이 다시 돌아왔어요! 캠퍼스가 얼마나 아름다운지 꼭 보셔야 해요. 제가 생각하기에 직접 와서 보시는 것이 좋을 것 같아요. 저비 주인님이 지난 금요일에 다시 방문하셨습니다만, 그분이 때를 잘못 맞춰 오셨어요. 왜냐하면 샐리와 줄리아 그리고 저는 기차를 타기 위해 뛰어가고 있었거든요. 우리가 어디로 가냐고요? 프린스턴 대학에서 열리는 춤과 야구 경기를 보러 갑니다. 원하신다면! 제가 가도록 허락해 달라고 하지 않은 이유는 아저씨의 비서가 '안 돼'라고 말할 것 같았기 때문이에요. 그러나 전적으로 정당 절차를 밝고 한 일이었어요. 우리는 대학에서 결석 허가도 받았고, 맥브라이드 부인이 우리와 동반해 주셨어요. 우리는 너무나 즐거운 시간을 보냈지만 세세한 사항은 생략해야 할 것 같아요. 그것은 너무 많고 복잡하거든요.

토요일

동이 트기 전에 일어났어요! 야간 경비원이 우리를 깨웠고(우리는 6명이에요) 우리는 찜통에 커피를 만들었어요(이렇게 많은 커피 찌꺼기를 본 적이 없었어요!). 그리고 원 트리 힐 언덕 정상까지 3킬

로미터를 걸어서 해돋이를 보았어요. 마지막 경사를 오르느라 힘들었어요! 태양이 거의 우리를 이길 뻔 했어요! 아마도 아저씨는 우리가 아침 식사를 위한 식욕을 가져오지 않았다고 생각하시는 건 아니겠죠!

사랑하는 저, 아저씨, 오늘 편지는 매우 절규하는 스타일인 것 같네요. 이 편지는 느낌표로 가득 차 있어요.

신록이 움트는 나무들과 운동장의 새로운 시멘트 길, 내일 예

이것은 프렉시의 새끼 고양이에요.
그림을 통해 앙고라 품종임을 알 수 있어요

정된 생물학 강의의 끔찍한 내용, 호수에 있는 새 카누들, 폐렴에 걸린 캐서린 프렌티스, 그리고 집을 잃고 2주 동안 퍼거슨 홀에서 지내다가 하녀가 신고하기 전까지 존재를 알지 못했던 프렉시의 앙고라 새끼 고양이에 대해 그리고 제 새로운 드레스 세 벌(흰색, 분홍색, 파란색 물방울무늬 드레스)과 그리고 어울리는 모자까지 포함해서 많이 쓰고 싶었어요. 그러나 저는 너무 피곤해요. 제가 항상 이런 변명을 하고 있는 것은 아닌가요? 그러나 여학생들의 대학은 바쁜 곳이며, 하루가 끝날 무렵에는 정말 피곤해져요! 특히

하루가 새벽에 시작할 때는 더더욱 그래요.

애정을 담아
주디 올림.

5월 15일
키다리 아저씨께

차에 탑승할 때 정면만 바라보고 다른 사람을 보지 않는 것이
바람직한 태도인가요?

오늘 매우 아름다운 여성 한 분이 아름다운 벨벳 드레스를 입
고 차에 탔어요. 그리고는 조금의 표정도 없이 15분 동안 앉아 멜
빵끈을 광고하는 간판을 무심하게 쳐다보고 있었어요. 마치 자신
만이 이곳에 중요한 사람인 듯 다른 사람들을 무시하는 것은 예
의가 아닌 것 같아요. 어쨌든, 그런 사람은 많은 것들을 놓치고 말
죠. 그녀가 그 어리석은 간판에 몰두하는 동안, 저는 전체 차 안
에 가득 차 있는 흥미로운 인간들을 관찰했죠.

아래의 그림은 이번에 처음으로 재현해 본 거예요. 그것은 마
치 줄 끝에 매달린 거미처럼 보이지만, 전혀 그렇지 않아요. 그것
은 체육관의 수조에서 수영을 배우고 있는 저의 모습이거든요.

수영 강사가 내 벨트 뒷부분의 링에 로프를 걸고, 천장에 있는

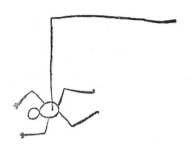

도르래를 통해 그것을 끌어올려요. 만약 강사를 신뢰한다면, 이 시스템은 아주 효율적이에요. 하지만 나는 항상 강사가 로프를 느슨하게 할까 봐 두려워서, 한쪽 눈은 그녀에게, 다른 한쪽 눈은 수영에 집중하게 되요. 이러한 분산된 관심으로 인해 나는 본래 수영 실력이 더 나아질 수 있었던 진전을 이루지 못하게 되죠.

최근에는 아주 다양한 날씨를 경험하고 있어요. 제가 편지를 쓰기 시작할 때는 비가 오고 있었는데 지금은 태양이 쨍쨍 비추고 있어요. 샐리와 저는 테니스를 치러 나갈 예정이에요. 이것으로 체육 강의를 면제받을 수 있어요.

일주일 후

저는 이 편지를 오래 전에 끝냈어야 했는데, 그렇게 하지 못했어요. 아저씨, 제가 그리 규칙적이지 않다고 해서 마음이 상하신 건 아니시죠? 저는 정말로 아저씨에게 편지 쓰는 것을 좋아해요. 가족이 있다는 것은 정말로 뿌듯한 기분이 들게 하거든요. 제가 말씀드릴까요? 아저씨가 제가 편지를 쓰는 유일한 남자는 아니에요. 다른 두 사람이 더 있어요! 이번 겨울에 저비 주인님으로부터 아름답고 긴 편지를 여러 통 받았어요(줄리아가 글씨체를 인식하지 못하도록 봉투에 타자기로 쳐서 보내시거든요.). 이렇게 충격적인 일이 있었던 적이 있으셨나요? 그리고 거의 매주 한번쯤 프린스턴 대학에서 매우 획일적인 낙서를 포함한 편지가 날아와요. 저는 그렇게 도착한 모든 편지에 비즈니스처럼 신속하게 답장을 해요. 보시다시피, 저는 다른 소녀들과 그리 다르지 않답니다. 저도 역시 편지를 받아요.

제가 4학년 연극반의 일원으로 선출되었다고 말씀드렸나요? 매우 독창적인 조직이에요. 전체 학생 천 명 중에 회원이 단지 75명뿐이에요. 일관된 사회주의자로서 제가 이 동아리에 들어가도 된다고 생각하시나요?

현재 제가 사회학에서 무엇에 주목하고 있다고 생각하세요? 저는 (상상해 보세요!) 의존 아동 돌봄에 관한 논문을 작성하고 있어요. 교수님께서 주제들을 섞어서 무작위로 뽑아서 배분하셨고, 그것이 저에게 배정되었어요. 참 재미있죠, 그렇지 않나요?

저녁 식사를 알리는 종이 울리네요. 제가 우편투함을 지나면서 이 편지를 우편으로 보낼게요.

애정을 담아
주디 올림.

172

6월 4일

아저씨께

무지 바쁜 시간이에요. 열흘 후에 졸업식이 있고, 내일은 시험이 있어요. 공부도 많이 해야 하고 짐을 정리해서 포장도 필요한데, 밖의 세상이 너무 아름다워서 안에 있는 것이 가슴 아프네요.

하지만 상관없어요, 여름방학이 다가오고 있거든요. 줄리아는 올해 여름에 해외로 나간 데요. 이번이 네 번째 여행이라네요. 아저씨, 확실히 부는 고르게 분배되지 않아요. 샐리는 평소처럼 애디론댁의 캠프로 간데요. 그럼 제가 어디로 갈까요? 세 번의 추측 기회를 드릴게요. 록 윌로우 농장? 틀렸어요. 샐리와 애디론댁? 틀렸어요(작년에 실망했던 기억이 있어서 다시는 가지 않을 거예요.). 다른 것들은 추측할 수 없나요? 아저씨는 정말 창의력이 없으시군요. 아저씨, 제가 말씀해 드릴게요, 단 조건이 있어요. 많은 반대를 하지 않겠다고 약속해 주시면요. 미리 아저씨의 비서에게 경고해요, 내 마음은 확고하다고요.

저는 여름 동안 찰스 패터슨 부인과 해변에서 시간을 보내고 그 부인의 딸을 가르칠 예정이에요. 그 부인의 딸은 가을에 대학에 입학할 예정이에요. 맥브라이드 가족을 통해 찰스 패터슨 부인을 알게 되었는데, 아주 매력적인 부인이세요. 저는 그녀의 작은 딸에게도 국어와 라틴어를 가르칠 예정이지만, 저에게도 개인적인 시간이 조금은 있을 것 같아요. 그리고 저는 매달 50달러를 벌게 되죠! 이것이 너무 과도한 액수라고 생각되지 않으세요? 그 부인이 제안해 주셨어요. 저는 얼굴이 붉어져서 25달러 이상을 요청할 용기가 없었는데 말이죠.

저는 9월 1일에 매그놀리아(그곳은 그 부인이 사는 곳이에요)에서의 과외를 마치고나면, 아마도 남은 3주 동안은 록 윌로우 농장에서 보내게 될 거예요. 저는 다시 한 번 샘플 가족과 친절한 동물들을 만나고 싶거든요.

아저씨, 제 계획이 어떠신가요? 제가 꽤 독립적으로 되어 가고 있다는 것을 아시겠죠. 아저씨께서 저를 일으켜 세워 주셨고, 이제 저는 거의 혼자서 걸을 수 있을 것 같아요.

프린스턴 대학의 졸업식과 우리의 시험이 정확히 일치하는 것은 참으로 불행한 일이에요. 샐리와 저는 제시간에 졸업식에 참석하고 싶었지만, 그것은 전혀 불가능해요.

안녕히 계세요, 아저씨. 즐거운 여름 보내시고 휴식을 취하고 또 한 해의 일에 준비된 모습으로 가을에 돌아오시길 바랄게요(아저씨가 저에게 이렇게 써야 할 것 같은 데요!). 여름에 아저씨가 무엇을 하는지, 어떻게 즐기시는지 전혀 모르겠어요. 아저씨의 환경이 어떤지 상상할 수가 없어요. 골프를 치시거나 사냥을 하시거나 말을 타시거나 그냥 태양 아래에서 명상하시는 건가요?

어쨌든, 무엇이든 간에 좋은 시간 보내시고 주디를 잊지 마세요.

6월 10일

아저씨께

이 편지는 제가 지금까지 쓴 편지 중 가장 힘든 편지에요. 하지만 제가 무엇을 해야 할지 결정을 내렸고, 다시 돌아갈 수는 없다는 것을 말씀드리고 싶어요. 아저씨가 이번 여름에 저를 유럽으로 보내고자 하는 마음은 매우 다정하고 관대하며 소중한 것이에요. 그 제안에 순간적으로 유혹을 받았지만, 다시 신중하게 생각해 보니 그것은 사양하는 것이 맞는 것 같아요. 대학 등록금을 받지 않겠다고 하면서 그 돈을 놀러 가는데 쓰는 것은 말이 안 된다고 생각해요. 너무 많은 사치에 익숙해지는 것은 좋지 않거든요. 갖지 못했던 것을 그리워하지는 않지만, 한 번 그것들을 가져봤다면 그것 없이 산다는 것은 정말 어렵게 되거든요. 샐리와 줄리아와 함께 생활하는 것은 제 스토아 철학(보편적인 이성과 금욕적인 삶을 중시)적인 삶에 큰 부담이 되고 있어요. 샐리와 줄리아는 아기 때부터 모든 것을 누려왔기에 행복을 당연한 것으로 받아들이죠. 그리고 세상이 자신들이 원하는 모든 것을 당연히 빚지고 있다고 생각하죠. 아마도 세상은 그런 것일지도 모르죠. 어쨌든, 세상은 빚을 인정하고 갚으려고 하는 것처럼 보이거든요. 하지만 나에게서는, 세상은 나에게 아무것도 빚지지 않았고, 처음부터 분명히 그 사실을 말했죠. 나는 신용으로 뭔가를 빌릴 권리가 없어요. 언젠가 세상이 나의 주장을 거부할 때가 올 것이기 때문이죠.

제가 비유의 바다에서 허우적거리는 것처럼 보이지만, 제가 말하려는 의미를 이해하시겠죠? 어쨌든, 내가 할 수 있는 가장 정직한 일은 이번 여름에 아이들을 가르치고 그 대가로 스스로를 부양하기 시작하는 것이랍니다.

* *

매그놀리아에서
4일 후

제가 막 여기까지 편지를 썼을 때, 무슨 일이 일어났을까요? 하녀가 저비 주인님의 카드를 가지고 들어오는 거예요. 그분은 이번 여름에 해외로 나가기로 했답니다. 줄리아와 그녀의 가족과는 전혀 관계없이 혼자 가신 다네요. 제가 그분에게 아저씨가 저보고 소녀들을 인솔하는 보호자와 함께 유럽에 다녀오라고 했던 이야기를 한 적이 있어요. 그분도 아저씨에 대해 알고 있어요, 아저씨. 즉, 그분은 제 부모님이 돌아가셨고, 한 친절한 신사께서 저를 대학교에 보내주신다는 사실을 알고 있어요. 하지만 저는 존 그리어 고아원과 그 외의 다른 모든 것에 대해 이야기할 용기가 없었어요. 그분은 아저씨가 제 후견인이고 완전히 적법한 오래된 가족 친구라고 생각해요. 저는 그분에게 아저씨를 모른다고 절대 말하지 않았어요. 그것은 너무 이상하게 보이잖아요!

어쨌든 그분은 제게 유럽에 가라고 고집을 부렸어요. 그분은 그것이 제 교육의 필수적인 부분이라고 말하며 제게 거절할 생각을 해서는 안 된다고 했어요. 또한, 그분은 같은 시기에 파리에 있을 것이라서, 가끔 보호자 눈을 피해 멋지고 재미있는 외국 식당에서 함께 저녁을 먹자고 말했어요.

저 아저씨, 저에게 매력적이었던 것은 사실이에요! 저는 거의 마음이 약해질 뻔했지요. 그분이 그렇게 독재적이지만 않았다면 아마 완전히 넘어갔을 거예요. 저는 단계적으로는 설득력 있게 얘기한다면 유혹당할 수 있지만, 강요한다면 통하지 않아요. 그분은 제가 어리석고, 무지하며, 비이성적이고, 돈키호테적이며, 바보 같고, 고집 센 아이(이것들은 그분의 모욕적인 형용사 중 일부이며, 나머지는 기억이 나지 않아요.)라고 말했어요. 그리고 무엇이 본인에게 좋은지 알지 못한다고 하며, 나이가 많은 사람들의 판단을 따라야 한다고 주장했어요. 우리는 거의 다투다시피 했고, 사실상 완전히 다투었는지도 확신이 서지 않아요!

어쨌든, 저는 빨리 짐을 꾸리고 이곳으로 올라왔어요. 유럽으로 가는 기회가 사라지고 난 다음에 아저씨께 편지를 쓰는 것을 마무리 하는 게 좋겠다고 생각했어요. 이제 유럽으로 가는 기회가 완전히 사라졌어요. 저는 지금 클리프 톱(패터슨 부인의 오두막 별장 이름)에 있어요. 짐을 풀고 있는 중이고, 플로렌스(작은 딸)는 벌써 라틴어 명사 제1격 변화를 잡고 발버둥 치고 있어요. 아마도 꽤나 힘든 일이 될 것 같아요! 그 아이는 매우 불평등하게 귀여운 아이에요. 저는 그 아이에게 먼저 어떻게 공부하는지를 가르쳐야 할 것 같아요. 그 아이는 지금까지 아이스크림보다 더 어려운 것에 집중해본 적이 없다니까요.

우리는 절벽의 조용한 구석을 교실로 사용하고 있어요. 패터슨 부인께서는 저에게 아이들을 야외에 두어야 한다고 말씀하세요. 눈앞에 푸른 바다가 펼쳐지고 배들이 지나가는 풍경을 보며 공부에 집중하기가 쉬운 일인가요! 게다가 외국으로 항해하는 배 중 하나에 내가 타고 있을 수도 있다고 생각하면 마음이 흔들리지만, 나는 오직 라틴어 문법만 생각해야 한다고 스스로에게 다짐을 한답니다.

전치사 a 또는 ab, absque, coram, cum, de, e 또는 ex, prae, pro, sine, tenus, in, subter, sub 및 super는 탈격을 지배한다.

그러니까 아저씨, 아시다시피, 저는 이미 유혹에 맞서 끈질기게 눈을 뜬 채 일에 몰두하고 있어요. 제발, 제발, 그리고 내가 아저씨의 친절에 감사하지 않는다고 생각하지 마세요. 왜냐하면 저는 항상 언제나 아저씨에게 감사하는 마음뿐이니까요. 내가 아저씨에게 보답할 수 있는 유일한 방법은 매우 유용한 시민(여성이 시민입니까? 나는 그렇다고 생각하지 않아요.)이 되는 것이에요. 어쨌든, 매우 유용한 사람이 되는 거예요. 그리고 아저씨가 저를 보면서 "나는 매우 유용한 사람을 세상에 주었다."라고 말할 수 있어요.

잘 들리네요, 그렇죠, 아저씨? 하지만 오해의 소지를 남기고 싶지는 않아요. 저는 종종 제가 전혀 특별하지 않다는 느낌이 들거든요. 미래의 경력을 계획하는 것은 재미있지만, 아마도 저는 다른 평범한 사람과 다를 바 없을 것 같아요. 저는 결국 장의사와 결혼해서 그의 일을 도와주는 사람이 될지도 모르니까요.

아저씨의 영원한
주디 올림.

8월 19일
키다리 아저씨께

제 숙소의 창문으로는 아주 아름다운 풍경을 바라볼 수가 있어요. 즉, 바다의 경치로, 오로지 물과 바위만이 있어요.

여름이 지나가고 있어요. 저는 오전에는 두 명의 바보 같은 소녀들과 라틴어, 국어, 대수학과 함께 보내고 있어요. 매리언이 어떻게 대학에 들어갈 수 있을지, 그리고 대학에 들어간 후에도 어떻게 따라갈 수 있을지 모르겠어요. 플로렌스는 희망이 없지만, 오! 그래도 그녀는 정말 예뻐요. 얼굴이 예쁘기만 하면, 멍청한지 아닌지가 중요할 거라고는 생각하지 않아요. 그러나 그들의 대화가 남편들을 지루하게 만들게 뻔하거든요. 불행히도, 그들이 멍청한 남편을 만나는 것이 행운이 아닐까 싶네요. 그럴 가능성은 충분히 있다고 생각해요. 세상은 멍청한 남자들로 가득 차 있으니까요. 저는 이번 여름에 그런 사람들을 여러 명 만났거든요.

오후에는 절벽을 따라 산책을 하거나, 조수가 적절할 경우 수영을 해요. 저는 바다에서 아주 쉽게 수영할 수 있어요. 보시다시피 제 교육이 이미 활용되고 있다고요!

파리에서 저비스 펜들턴 씨로부터 짧고 간결한 편지가 왔어요. 그의 조언을 따르지 않은 것에 대해 여전히 화가 나 있는 것 같아요. 하지만 그가 제때 돌아온다면, 대학이 개강하기 전에 록 윌로우 농장에서 며칠 동안 저를 만나게 될 것이고, 제가 매우 상냥하고 달콤하며 순종적으로 행동한다면 (추측하기로는) 다시 호의적인 대상이 될 수 있을 거예요.

또한 샐리로부터 온 편지도 있어요. 샐리는 제가 9월에 그녀들의 캠프에 2주일 정도 놀러 오기를 바라네요. 제가 아저씨 허락을 요청해야 하나요? 아니면 제가 원하는 대로 행동할 수 있는 지경에 아직 도달하지 못했나요? 아니오, 저는 제 스스로 결정할 수 있어요. 저는 이제 졸업반이니까요. 여름 내내 일을 했기 때문에 조금은 건강한 휴식을 취하고 싶어요. 애디론댁을 보고 싶어요. 샐리를 보고 싶어요. 샐리의 오빠를 보고 싶어요. 지미는 저에게 카누를 가르쳐 줄 거거든요. 그리고 (이제 제가 가장 중요하게 생각하는 동기를 말씀드리자면) 저비 주인님이 록 윌로우 농장에 도착했을 때 저를 보지 못하기를 원해요.

그분이 나에게 이래라 저래라 지시할 수 없다는 것을 보여주어야만 해요. 아저씨 외에는 아무도 나에게 지시할 수 없어요. 그리고 아저씨도 항상 할 수는 없어요! 저는 캠프가 있는 숲으로 떠나요.

주디 올림.

맥 브라이드 캠프에서
9월 6일
아저씨께

아저씨의 편지가 제때 도착하지 않았어요(기쁘게도 그래요). 아저씨의 지시가 준수되기를 원하신다면, 아저씨의 비서가 이를 2주 이내에 전달해야 해요. 보시다시피, 저는 여기 있으며, 이미 5일째이거든요.

숲은 훌륭하며, 캠프도 훌륭하고, 날씨도 훌륭하며, 맥브라이드 가족도 훌륭하고, 세상 전체도 훌륭해요. 저는 매우 행복해요!

지미가 카누를 타러 오라고 부르고 있어요. 안녕히 계세요. 불순종하게 되어 유감이지만, 제가 조금 놀기로서니 그렇게 집요하게 놀지 못하게 하는 이유가 뭐예요? 여름 내내 일했으니, 2주일의 휴식을 받을 자격이 있다고 생각하는데, 아저씨는 정말 심술쟁이 같아요.

그러나 모든 결점에도 불구하고, 아저씨, 저는 여전히 아저씨를 사랑해요.

주디 올림.

10월 3일
키다리 아저씨께

대학에 돌아와 보니 4학년이 되었고, 또한 《먼슬리》 편집장이 되었어요. 이렇게 정교한 인물이 단지 4년 전에는 존 그리어 고아원의 원생이었다는 것이 가능하다고 생각하세요? 미국에서는 정말 빠르게 변한다고요!

어떻게 생각하세요? 저비 주인님이 록 윌로우 농장에 보낸 메모가 여기로 전달되었어요. 그는 죄송하다고 하면서 이번 가을에 친구들과 요트 여행을 가기로 해서 농장에 갈 수 없다는 내용이에요. 여름을 시골 생활을 하면서 즐겁게 보내기를 바란다고 하네요.

그분은 내가 맥브라이드 가족과 함께 있다는 것을 항상 알고 있었어요. 왜냐하면 줄리아가 그렇게 말했으니까요! 남자들은 음모를 꾸미는 것은 여성에게 맡겨야 해요. 남자는 소신이 부족하니까요.

줄리아는 가장 매혹적인 새 옷들로 가득 찬 트렁크를 가지고 있어요. 천국의 천사들에게 어울릴 법한 무지갯빛 색의 주름 잡힌 이브닝드레스를 가지고 있어요. 올해 제 옷이 전례 없이(이런 말이 있을까요?) 아름답다고 생각했었어요. 저는 저렴한 드레스 메이커의 도움으로 패터슨 부인의 옷들과 똑 같이 만들어 달라고 했지만, 드레스가 원본과 꼭 닮지는 않았으면서도 저는 줄리아가 짐을 풀기 전까지는 아주 행복했어요. 그러나 이제 저는 파리를 생각하며 살고 있어요!

사랑하는 아저씨, 아저씨는 여자가 아니라서 기쁘지 않나요? 우리가 옷에 대해 소란을 피우는 것이 너무 어리석다고 생각하시는 것 맞죠? 맞아요. 당연히 그렇게 생각하시겠죠. 그러나 그것은 전적으로 아저씨 남자들의 잘못이에요.

불필요한 장식에 경멸을 표하고 여성들을 위한 실용적이고 유용한 의복을 선호한 유식한 교수 이야기에 대해 들어본 적이 있으세요? 그의 아내는 순응적인 존재로 남편의 '의복 개혁'을 실천했데요. 그렇다면 그 교수가 어떻게 했다고 생각하세요? 그는 무대에서 노래하는 합창 단원과 함께 도망쳤데요.

아저씨의 영원한
주디 올림.

추신: 우리 기숙사의 복도 청소부는 파란 체크무늬 깅엄 앞치마를 입고 있어요. 파란 앞치마를 대신해서 갈색 앞치마를 구입할 예정이

에요. 파란 앞치마는 호수 바닥에 던져버릴 거예요. 그 앞치마를 볼 때마다 회상에 젖어 오싹한 냉기를 느끼게 되거든요.

11월 17일
키다리 아저씨께

저의 문학 경력에 어두운 큰 재앙이 내렸어요. 이 말씀을 드려야 할지 모르겠지만, 저는 약간 위로 받기를 원해요. 조용한 위로였으면 좋겠어요. 다음 편지에서는 상처 주는 일이 없도록 이 문제를 언급하지 말아 주세요.

저는 지난겨울 저녁 내내, 그리고 이번 여름에도 바보 같은 두 아이에게 라틴어를 가르치고 있지 않을 때마다 한 권의 책을 쓰고 있었어요. 개강하기 직전에 원고를 마무리 지었고, 출판사에 원고를 보냈어요. 출판사에서 두 달 동안 제 원고를 보관했고, 그래서 저는 그 출판사에서 책을 출판할 것이라고 믿었어요. 그런데 어제 아침, 소포(배송료가 30센트인)가 도착했는데, 제 원고가 다시 돌아온 거예요! 출판사에서 편집자의 매우 정중하고 아버지 같은 편지가 함께 첨부되어 있었는데, 아주 솔직하게 적혀 있었어요. 그는 주소를 보고 제가 아직 대학에 재학 중인 것을 알았으며, 조언을 받아들인다면 모든 에너지를 학교 강의에 전념하고 졸업한 후에 글쓰기를 시작할 것을 제안했어요. 그는 독자의 의견을 함께 보냈어요. 여기 그 내용이 있어요.

"줄거리가 매우 불명확하며 캐릭터의 특징이 과장되어 있어요. 대화는 자연스럽지 않아요. 유머가 상당히 있지만 항상 좋은 취향에 맞지는 않아요. 그녀에게 계속 글쓰기를 시도하라고 조언하세요. 시간이 지나면 그녀가 진정한 책을 만들어낼 수 있을 거예요."

전반적으로 그렇게 칭찬받는 건 아니죠, 아저씨? 저는 제가 미국 문학에 귀중한 기여를 하고 있다고 정말 믿었어요. 졸업 전에 훌륭한 소설을 써서 놀라게 해드릴 계획이었어요. 지난 크리스마스 때 줄리아의 집에 있는 동안 그 소설의 자료를 수집했죠. 하지만 편집자의 말이 옳은 것 같아요. 아마도 대도시의 풍습과 관습을 관찰하기에는 2주라는 기간은 충분하지 않았던 것 같네요.

어제 오후에 그 원고를 가지고 산책하다가, 가스 공급소에 도착했을 때 기사에게 잠시 화로를 사용할 수 있는지 물어보았어요. 그 기사는 정중하게 문을 열어주었고, 저는 제 손으로 그 원고를 불구덩이에 던져버렸어요. 마치 제가 저의 유일한 자식을 화장하는 듯한 기분이 들었어요!

저는 어젯밤에 많이 낙담한 채로 잠자리에 들었어요. 저는 제자신이 결코 원하는 목표를 성취할 수 없을 것이라고 생각했고, 아저씨가 저를 위해 헛되게 돈을 낭비했다고 생각했어요. 그런데 어떻게 생각하세요? 저는 오늘 아침에 일어나자마자 머릿속에 아름다운 새로운 이야기의 구상이 떠올랐고, 하루 종일 제 캐릭터들을 계획하며, 그 어떤 것보다 행복하게 지냈어요. 그 누구도 저를 비관론자로 비난할 수 없어요! 만약 제가 남편과 12명의 자녀를 지진으로 잃었다고 해도, 저는 다음날 아침에 웃으며 일어나 또 다른 새로운 가족을 찾기 시작할 거거든요.

애정을 담아
주디 올림.

12월 14일
키다리 아저씨께

어젯밤 나는 아주 우스운 꿈을 꾸었어요. 나는 서점에 들어간 것 같았고, 점원은 나에게 《주디 애벗의 삶과 편지》라는 제목의 새로 나온 신간을 가져다주었어요. 나는 그것을 아주 뚜렷하게 볼 수 있었어요. 빨간 천으로 제본된 책의 표지에는 존 그리어 고아원의 그림이 그려져 있었고, 내 초상화가 앞 장에 실려 있었으며, 그 아래에는 '진정으로, 주디 애벗'이라고 적혀 있었어요. 하지만 내가 맨 뒷장에 실려 있는 묘비명을 보려고 펼치는 바로 그 순간, 나는 꿈에서 깨고 말았어요. 정말 짜증났어요! 내가 누구와 결혼할 것인지, 그리고 언제 죽을 것인지를 거의 알 뻔했거든요.

아저씨는 정말로 전지전능한 작가에 의해 완벽하게 진실하게 쓰인 아저씨의 인생사를 읽을 수 있다면 흥미로울 것이라고 생각하지 않으세요? 그런 이야기를 읽기 위한 다음과 같은 조건이 있어요. 당신은 그 내용을 절대 잊지 않을 것이며, 당신이 하는 모든 일이 어떻게 결말날 것인지를 미리 알고 살아가야 하며, 당신이 죽을 순간을 정확히 알 수 있다면 어떨까요. 그럴 경우, 읽을 용기가 있는 사람은 얼마나 될까요? 아니면, 희망도 놀라움도 없이 살아가야 하는 대가를 치르더라도 읽는 것을 회피하기 위해 자신의 호기심을 충분히 참을 수 있는 사람은 얼마나 될까요?

인생은 최선의 경우에도 단조롭기 마련이에요. 우리는 일정한 주기로 먹고 자야 해요. 하지만 만약 식사 사이에 예상치 못한 일이 일어날 수 없다면, 얼마나 지독히 단조로울지 상상해 보세요. 하느님! 아버지, 잉크가 번졌어요. 하지만 지금 세 페이지나 쓰고 있어서 새로운 종이에 다시 쓰기를 시작할 수 없어요.

올해 다시 생물학을 공부할 거예요. 매우 흥미로운 과목이며, 현재 우리는 소화 기관에 대해 공부하고 있어요. 현미경으로 본 고양이의 십이지장 단면을 보면 얼마나 아름다운지 아저씨도 보셔야 해요.

또한 우리는 철학도 배우기 시작했어요. 흥미롭지만 덧없는 것 같아요. 저는 논의 중인 주제를 게시판에 고정할 수 있는 생물학을 선호한답니다. 또 하나! 또 하나! 이 펜은 무지하게 잉크 눈물을 흘리고 있어요. 잉크 눈물 자국을 용서해 주세요.

아저씨는 자유 의지에 대해 믿으세요? 저는 정말로 믿어요. 저는 모든 행동이 먼 원인의 집합에서 절대적으로 불가피하고 자동적으로 발생하는 결과라고 생각하는 철학자들에 전혀 동의하지 않아요. 그것은 제가 들어본 것 중 가장 비도덕적인 교리에요. 그럴 경우 누구도 어떤 일에 대해 책임이 없게 되잖아요. 운명론을 믿는 사람은 자연스럽게 그냥 앉아서 '주님의 뜻이 이루어지기를'이라고 말하고, 죽을 때까지 계속 앉아 있을 거예요.

저는 제 자신의 자유 의지와 이를 통해 성취할 수 있는 힘을 절대적으로 믿어요. 이것이 곧 산을 움직일 수 있는 신념이에요. 저를 지켜보세요, 저는 위대한 작가가 될 거예요! 제 새 책의 네 개의 장이 완성되었고, 다섯 번째 장은 초안이 끝난 상태거든요.

이번 편지는 아주 난해한 편지가 되었네요. 아저씨, 머리가 지끈지끈 아프시죠? 이제 편지 쓰는 작업을 마무리하고 퍼지를 만들기로 했어요. 한 조각도 보내드리지 못해 죄송해요. 우리가 진짜 크림과 세 개의 버터 볼로 만들기 때문에 특히 맛있을 거예요.

애정을 담아
주디 올림.

추신: 우리는 체육 수업에서 화려한 춤을 배우고 있어요. 첨부된 사진을 통해 우리가 실제 발레와 얼마나 비슷한지 확인할 수

있어요. 끝에 서 있는 우아한 피루엣(한쪽 발로 서서 빠르게 도는 것)을 공연하는 사람이 바로 저예요.

12월 26일
사랑하는 아저씨께

아저씨는 조금도 이해하지 못하셨어요? 한 여자아이에게 17개의 크리스마스 선물을 주어서는 안 된다는 것을 모르세요? 저는 사회주의자라니까요. 저를 부유한 자로 만들고 싶으신가요?

우리가 언쟁이라도 하게 된다면 얼마나 당황스러울지 생각해 보세요! 저는 아저씨의 선물을 돌려주기 위해 이사업체를 불러야 할 것 같아요.

제가 선물로 보내드린 넥타이가 이렇게 흐물흐물해서 죄송해요. 제가 직접 손으로 짠 거예요(내부 증거로 분명히 확인하셨겠지만). 추운 날에 착용하시고 코트를 꼭 단단히 버튼을 채우셔야 할 거예요.

아저씨, 천 번이라도 감사드려요. 저는 아저씨가 지금까지 살아온 사람 중에서 가장 다정한 분이라고 생각해요. 그리고 가장 어리석은 분이시기도 하고요!

주디 올림.

여기 캠프 맥브라이드에서 가져온 네잎클로버가 새해에 행운을 가져다주기를 바랄게요.

1월 9일

아저씨, 영원한 구원을 보장할 무언가를 하기를 원하세요? 여기 매우 절박한 상황에 처한 가족이 있어요. 부모님과 네 명의 자녀가 있으며, 위로 두 명의 아들은 돈을 벌기 위해 세상으로 나갔지만 그 어떤 것도 집으로 보내지 않았어요. 아버지는 유리 공장에서 일했으나 폐병에 걸렸어요. 이 일은 매우 건강에 해로운 일이거든요. 현재 그는 병원에 입원해 있어요. 그로 인해 모든 저축한 돈은 병원비로 들어갔고, 가족의 부양은 24살의 가장 큰 딸에게 맡겨졌어요. 그녀는 하루에 1.5달러에 의상 제작 일을 하고 있으며(일이 있을 때만) 저녁에는 자수를 놓고 있어요. 어머니는 몸이 별로 좋지 않으며, 매우 비효율적이고 독실한 신자예요. 그녀는 두 손을 모은 채로 앉아 있으며, 큰딸은 과중한 일과 책임, 걱정으로 힘들어 하고 있어요. 그녀는 남은 겨울을 어떻게 견뎌낼 수 있을지 전혀 방법을 알 수가 없어요. 저 또한 모르겠어요. 백 달러만 있으면 석탄을 사고 세 아이들을 학교에 보낼 수 있도록 신발을 살 수도 있고, 며칠 지나도 일이 없을 때 걱정하지 않아도 되도록 조금의 여유를 남길 수 있을 텐데요.

아저씨는 제가 아는 사람 중 가장 부유한 사람이에요. 100달러 정도는 아쉽지 않다고 생각하지 않으세요? 그 소녀는 제가 한 번도 받지 못한 도움이 훨씬 더 필요하답니다. 그 소녀를 위해서가 아니라면 요청하지도 않겠어요. 어머니가 어떻게 되든 크게 신경 쓰지 않아요. 그녀는 정말 불필요한 존재거든요.

사람들이 평생 하늘을 향해 눈만 굴리며 '어쩌면 모든 것이 다 잘 될 거야.'라고 말할 때면, 저를 미치게 만들어요. 겸손이든 체념이든 무엇이라 부르든 간에, 그것은 단순히 무기력한 관성에 불과해요. 저는 보다 전투적인 종교를 지지한답니다!

우리는 내일 쇼펜하우어의 모든 것에 대한 철학 강의를 들어요. 교수님은 우리가 다른 과목도 수강하고 있다는 것을 깨닫지 못하는 것 같아요. 그는 괴상한 늙은 오리 같은 교수님이에요. 그는 구름 속에 머리를 박고 돌아다니다가 이따금 단단한 땅에 부딫힐 때 멍하니 눈을 깜박이며 하늘을 바라보세요. 교수님은 이 따금씩 재치로 강의 분위기를 좋게 하려고 애쓰실 때도 있어요. 우리는 교수님의 재치에 미소를 지으려고 최선을 다하지만, 교수 님의 농담은 결코 웃기지가 않아요. 교수님은 강의 사이 시간에 도 물질이 실제로 존재하는지, 아니면 단지 물질이 존재한다고 생 각하는지를 알아내기 위해 모든 시간을 보낸답니다.

제가 말씀드린 의상 제작 일을 하는 그녀는 물질이 존재한다 는 것에 대해 의심하지 않을 거예요!

아저씨는 제 새로운 소설이 어디에 있을 것이라고 생각하세 요? 쓰레기통 안에 있어요. 저도 그것이 세상에서 쓸모없는 것을 알고 있으며, 자기 책을 사랑하는 작가가 이를 깨달았을 때, 비판 적인 대중의 평가는 어떻겠어요?

며칠 후

나는 아저씨께 아픔에 시달리며 침대에서 이렇게 편지를 쓰고 있어요. 이틀 동안 편도선이 부풀어서 누워 지내고 있으며, 뜨거 운 우유만 삼킬 수 있어요. 의사 선생님은 '당신 부모님은 왜 어 릴 때 편도를 제거하는 것을 생각하지 않으셨을까요?'라고 묻고 싶어 했어요. 저도 이유는 잘 모르지만, 제 부모는 저에 대해 별 로 생각하지 않았던 것 같아요.

아저씨의
제루샤 애벗 올림.

다음날 아침

나는 편지를 봉인하기 전에 방금 그 내용을 다시 죽 읽어봤어
요. 왜 이렇게 인생에 안개 낀 분위기를 드리웠는지 모르겠네요.
나는 아저씨에게 내가 젊고 행복하며 열정적임을 다시 확신시켜
드리고 싶어요. 아저씨도 또한 그러시길 바라시죠? 젊음은 나이
와 무관하며, 오로지 정신의 생동감과 관련이 있어요. 그러므로
아저씨도 비록 머리가 하얗다 하더라도 여전히 소년일 수도 있는
거예요.

애정을 담아
주디 올림.

1월 12일
친애하는 독지가님께

어제 제가 말씀드린 가족을 위한 수표가 도착했어요. 정말 감
사해요! 점심을 먹자마자 체육관을 잠시 빠져나와 그녀에게 전달

했어요. 그 소녀의 얼굴을 보셨다면 좋았을 텐데요! 그녀는 너무 놀라고 행복해하며 안도한 나머지 거의 젊어 보일 정도였어요. 그녀는 겨우 24살인데요. 안타깝지 않나요?

어쨌든, 그녀는 지금 모든 좋은 일들이 한꺼번에 생기는 것처럼 느껴진다고 하네요. 그녀는 앞으로 2달간은 안정적인 일감이 있데요. 누군가 결혼할 때 필요한 신부의 혼숫감을 준비해야 한다고 해요.

그 작은 종이가 100달러라는 사실을 알았을 때, "자비로운 주님 감사합니다!"라고 그녀의 어머니가 외쳤데요.

"그것은 전혀 자비로운 주님이 주신 게 아니에요, 그건 키다리 아저씨가 주신 거예요."(그 자리에서는 스미스 씨라고 불렀어요.)라고 제가 말해드렸어요.

"그러나 그것은 자비로운 주님께서 그분의 마음속에 두신 거예요."라고 그녀의 어머니가 말했어요.

"전혀 그렇지 않아요! 제가 그의 마음속에 그것을 넣었어요."라고 제가 말씀드렸죠.

하지만 어쨌든, 아저씨, 좋으신 주님께서 아저씨께 합당한 보상을 주실 것이라 믿어요. 아저씨는 연옥 밖에서 만 년을 보낼 자격이 있으세요.

가장 감사하는 마음을 담아
주디 애벗 올림.

2월 15일

위엄 있는 폐하께, 허락하시기를 바랍니다.

오늘 아침 소신은 차가운 칠면조 파이와 거위 요리를 먹었나이다. 그리고 이전에는 마셔본 적이 없는 중국 차 한 잔을 청하였나이다.

너무 긴장하지 마세요, 아저씨. 제가 미쳐버린 것은 아니에요. 저는 단지 새뮤얼 핍스(1633-1703년, 영국의 해군 출신《핍스의 일기_1660년 1월 1일~1669년 5월 31일까지의 일기, 당시의 런던의 생활·궁정 생활·해군의 군정 및 자기의 사생활 따위에 관한 그의 인상이 기록되어 있다.》작가)의 글을 인용한 것뿐이에요. 우리는 그를 영국 역사와 관련하여 원본으로 읽고 있어요. 샐리와 줄리아, 그리고 저는 이제 1660년의 언어로 대화한답니다. 이 글을 읽어 보세요.

> "나는 해리슨 소령이 교수형에 처해지고, 몸이 찢겨지고, 사지가 절단되는 것을 보기 위해 채링 크로스에 갔노라. 그는 그런 상태에서도 최대한 즐거운 모습을 하고 있었으니. 어제 열병으로 세상을 떠난 남동생을 기리기 위해 우아한 복장을 한 나의 아내와 저녁 만찬을 함께 즐겼노라."

남동생을 잃은 사람이 만찬을 즐기기에는 조금 일러 보이는데, 그렇지 않나요? 핍스의 친구가 왕이 부채를 갚을 수 있는 아주 교활한 방법을 생각해냈어요. 그것은 바로 유통기한이 지난 식품을 가난한 사람들에게 판매하는 것이었어요. 아저씨는 개혁가로서 그것에 대해 어떻게 생각하시나요? 나는 우리가 오늘날 신문에서 보도하는 만큼 그렇게 나쁘지는 않다고 생각해요.

새뮤엘은 자신의 옷에 대해 여자들만큼이나 흥분해 있었고, 아내보다 드레스를 구입하는데 다섯 배나 많은 돈을 썼데요. 그때는 남편들의 황금기였던 것 같아요. 다음 구절을 보세요. 이 얼마나 감동적인 기록인가요? 그는 정말로 정직했던 것을 알 수 있어요.

"오늘은 나의 값비싼 금단추가 달린 고급 낙타 망토가 집에 배달되어 왔다. 그 값을 지불할 수 있도록 하나님께 기도한다."

제가 핍스를 너무 많이 언급하게 되어 죄송해요. 그에 대한 특별한 주제를 작성하고 있거든요.

아저씨, 어떻게 생각하세요? 자치 협회가 10시 소등 규정을 폐지했어요. 선택하면 밤새 불을 켜둘 수 있으며, 유일한 조건은 타인을 방해하지 않는 것이에요. 대규모로 시끄럽게 구는 것은 허용되지 않죠. 그 결과 인간의 본성을 알게 되더군요. 이제 우리가 원하는 만큼 늦게까지 깨어 있을 수 있게 되었지만, 더 이상 그렇게 하지 않아요. 9시에 머리가 끄덕이기 시작하고, 9시 30분이면

힘없이 연필이 떨어지거든요. 지금은 9시 30분이에요. 안녕히 주무세요.

일요일

방금 교회에서 돌아왔어요. 설교하신 목사님은 조지아에서 오셨어요. 그 목사님은 지성을 발달시키기 위해 감정적 본성을 희생해서는 안 된다고 말씀하세요. 하지만 나는 그것이 매우 형식적이고 무미건조한 설교라고 사료됩니다(다시 핍스의 어투로). 미국이나 캐나다의 어느 지역에서 오든, 혹은 어떤 교단에 속하든, 우리는 항상 같은 설교를 들어요. 도대체 목사님들이 남성 대학에 가서 학생들에게 너무 많은 지적인 활동으로 인해 남성적인 본성이 억압당하지 않도록 주의하라고 권하지 않는 이유는 뭘까요?

꽁꽁 얼 만큼 차갑고 청명한 아름다운 하루에요. 저녁 식사가 끝나는 대로 샐리, 줄리아, 마티 킨, 엘리노어 프렛(제가 아는 친구들입니다만, 아저씨는 모르시겠죠.)과 저는 짧은 치마를 입고 크리스털 스프링 농장까지 교외를 따라 걸어가서 후라이드 치킨과 와플로 식사를 할 거예요. 그 다음으로는 크리스털 스프링 씨의 마차로 저희를 집까지 데려다주기로 되어 있어요. 우리는 7시까지 캠퍼스로 돌아가야 하지만, 오늘 밤은 조금 여유를 두어 8시까지 돌아가려고 해요.

안녕히 계세요, 친절하신 분.

저는 제 이름을 올릴 수 있는 영광을 갖고 있어요.

아저씨의 가장 충성스럽고, 성실하며, 신의와 복종하는 하인

제루샤 애벗 올림.

3월 5일

신탁 위원님께

내일은 이 달의 첫 번째 수요일이에요. 존 그리어 고아원에게
는 지루한 날이죠. 오후 5시가 되고 신탁 위원들이 아이들의 머리
를 쓰다듬고 떠나면 얼마나 안심이 되는지! 아저씨, 혹시(개인적으
로) 제 머리를 쓰다듬어 주신 적이 있으신가요? 저는 그렇게 생각
하지 않아요. 제 기억에는 오직 뚱뚱한 신탁 위원들만 그랬던 것
같거든요.

고아원에 제 사랑을 전해 주세요, 정말 사랑해요. 4년이라는
안개 같은 시간을 넘어 돌아보니, 그 때에 대한 애정이 참 많이 느
껴지네요. 대학에 처음 들어갔을 때, 다른 여학생들이 갖고 있었
던 정상적인 유년기 시절을 빼앗긴 것 같아 꽤 원망스러워 했지
만, 이제는 전혀 그런 기분이 아니네요. 어린 시절의 매우 독특한
경험으로 생각이 되요. 그것은 제가 한 발 물러서서 삶을 바라볼

수 있는 일종의 시점을 가지게 된 것 같거든요. 어른이 되면서, 그 속에서 자란 다른 사람들은 전혀 경험하지 못하는 세계관을 얻게 된 것이죠.

저는 자신이 행복하다는 사실을 전혀 알지 못하는 많은 소녀들(예를 들어 줄리아)을 알고 있어요. 그들은 행복한 감정에 익숙해져 그 감각이 무뎌져 있거든요. 하지만 저는 제 인생의 매 순간마다 제가 행복하다는 것을 느낀답니다. 저는 어떤 불쾌한 일들이 생겨도 그 일을 잊지 않을 거예요. 저는 이 사실을(심지어 치통조차도) 흥미로운 경험으로 여기고, 그것이 어떤 느낌인지 알게 되면 기쁠 거예요. '어떤 하늘이 나를 덮고 있을지라도, 나는 모든 운명에 맞설 마음이 있다.'

하지만 아저씨, 이 새로운 존 그리어 고아원에 대한 애정을 너무 문자 그대로 받아들이지 마세요. 제가 루소와 같이 아이가 다섯이라고 하더라도, 그들이 단순하게 자라도록 보장하기 위해 고아원 계단에 남겨 두지는 않을 테니까요.

립펫 원장님께 제 가장 친근한 안부 인사를 전해 주세요(제 생각에는 그것이 맞겠네요. 사랑이라는 표현은 다소 강할 것 같고요.). 그리고 저의 몰라보게 좋아진 성격에 대해서도 잊지 말고 전해주세요.

애정을 담아
주디 올림.

록 윌로우 농장에서
4월 4일
아저씨께

우편 소인을 확인하셨어요? 샐리와 저는 부활절 방학 동안 록 윌로우 농장에 있어요. 우리는 열흘 동안 가장 좋은 방법은 조용한 곳에 오는 것이라고 결정했거든요. 우리의 신경은 기숙사에서 식사를 할 수 없을 정도로 날카로워져 있어요. 400명의 학생들과 함께하는 식사는 피곤할 때에는 고역이에요. 너무 시끄럽기 때문에 테이블 건너편 학생들이 말하는 소리를 듣기란 불가능하며, 손을 메가폰처럼 만들어 소리를 질러야 간신히 들을 수 있거든요. 진짜라고요!

우리는 언덕을 오르며 독서와 글쓰기를 하고, 편안한 시간을 보내고 있어요. 오늘 아침 스카이 힐의 정상에 올랐는데, 그곳에서 저비 주인님과 제가 한때 저녁을 요리했던 기억이 남아 있어요. 그것이 거의 2년 전이라는 것이 믿기지 않네요. 여전히 그때 우리가 피웠던 불 자국이 바위에 그대로 남아 있는 것을 볼 수 있었어요. 특정 장소가 특정 인물과 연결되는 것이 재미있고, 그곳을 다시 찾을 때면 항상 그들을 떠올리게 되요. 2분 동안이지만 그분이 없어서 저는 꽤 외로웠거든요.

아저씨, 최근에 제가 뭘 하는지 궁금하지 않으세요? 아저씨는 제가 못 말리는 사람이라고 믿기 시작할 거예요. 저는 지금 책을 쓰고 있답니다. 3주 전에 시작해서 조금씩 써나가고 있어요. 비밀을 파악했어요. 저비 주인님과 그 편집자 분의 말이 맞았어요. 내 자신이 아는 것에 대해 쓸 때 가장 설득력이 있는 것이죠. 이번엔 제가 정말 잘 아는 주제에 대해 다루고 있어요. 어디를 배경으로 하는지 맞춰보세요? 바로 존 그리어 고아원이에요! 그리고 이 책은 잘 될 것 같아요. 아저씨, 저는 실제로 매일 일어났던 작은 일들에 대한 이야기가 좋다고 믿어요. 저는 이제 현실주의자가 되었답니다. 로맨티시즘을 버렸거든요. 하지만 나중에 저의 모험적인 미래가 시작되면 다시 돌아갈 겁니다.

이 새로운 원고는 꼭 완성되고 출판될 거예요! 그렇게 되는지 안 되는지 두고 보세요. 무엇인가를 간절히 원하고 그것을 얻기 위해 끊임없이 노력한다면 결국에는 원하는 것을 이룰 수 있다고 믿어요. 저는 아저씨에게서 편지를 받기 위해 4년 동안 노력해왔고, 아직 희망을 포기하지는 않았어요.

안녕히 계세요, 사랑하는 사람.

(저는 아저씨를 사랑하는 사람이라고 부르는 것을 좋아해요. 무척 두운이 맞거든요.)

애정을 담아
주디 올림.

추신: 농장 소식을 전하는 것을 잊었지만, 매우 슬픈 소식이에

요. 아저씨의 감정이 상하기 싫으시면 이 추신을 읽지 말고 넘겨주세요.

불운한 그로버가 세상을 떠났어요. 그는 더 이상 씹을 수 없게 되어 먹을 수가 없어서 안타깝게도 총으로 쏘아야 했답니다.

지난주에 담비, 스컹크 또는 쥐에 의해 아홉 마리의 닭이 죽었어요.

한 마리 암소가 아파서, 보니리그 포 코너스에서 수의사를 불러야 했어요. 아마사이는 밤새도록 아픈 암소의 곁을 지키며 아마씨 기름과 위스키를 먹였어요. 그러나 우리는 그 불쌍한 암소가 아마씨 기름밖에는 먹지 못했을 것 같아요.

감정이 풍부한 토미(거북이 껍질 무늬 고양이)가 사라졌어요. 우리는 그가 덫에 걸렸을까 두려워하고 있어요.

세상에는 참 많은 걱정꺼리들이 있네요!

5월 17일
키다리 아저씨께

이번 편지는 매우 짧을 수밖에 없네요. 펜만 보면 어깨가 아파요. 하루 종일 강의 노트 작성하고, 저녁에는 불멸의 소설을 쓰고, 너무 많은 글쓰기를 해서 어깨를 너무 혹사시켰나 봐요.

다음 주 수요일이면 3주 후에 졸업식이 있어요. 아저씨께서 오셔서 저와 친분을 맺어 주시면 좋겠어요. 만약 오지 않으신다면 저는 아저씨를 싫어하게 될 거예요! 줄리아는 자신의 가족인 저비 주인님을 초대하고, 샐리는 자신의 가족인 오빠 지미 맥브라이드를 초대했어요. 그런데 저에게는 초대할 사람이 누구인가요? 오직 아저씨와 립펫 원장님뿐이에요. 원장님은 원하지 않아요. 제발 와 주시기를 간절히 바랄게요.

경련이 오는 손으로 사랑을 담아
주디 올림.

록 윌로우 농장에서
6월 19일
키다리 아저씨께

저의 교육이 끝났어요! 제 졸업장은 두 개의 가장 좋아하는 드레스와 함께 하부 서랍에 들어 있어요. 졸업식은 예년과 같이 진행되었고, 몇 차례의 소나기가 중요한 순간에 내렸어요. 저에게 보내 주신 장미꽃에 대해 감사드려요. 정말 아름다워요. 저비 주인님과 지미 군도 저에게 장미를 주었지만, 그 장미는 욕조에 담가 두고 아저씨의 장미를 졸업식 행렬에 들고 갔어요.

여름을 보내기 위해 나는 지금 록 윌로우 농장에 와 있어요. 어쩌면 영원히 있을 지도 모르죠. 하숙비용도 저렴하고, 주변 환경 또한 조용하여 문학소녀의 삶에는 그만이거든요. 힘들게 글 쓰는 작가가 더 이상 바라는 게 무엇일까요? 나는 지금 내 책에 미쳐 있어요. 깨어 있는 매 순간과 밤에 꿈에서도 그것을 생각해 요. 내가 원하는 것은 평화롭고 조용한 환경과 작업을 위한 많은 시간(영양가 있는 식사와 함께)이거든요.

저비 주인님이 8월에 일주일 정도 농장에 올 예정이며, 지미 맥 브라이드는 여름휴가 동안 어느 때가 될지는 몰라도 들른 다네 요. 그는 현재 채권 거래소와 연계되어, 전국을 돌아다니며 은행 에 채권을 판매하고 있어요. 그는 같은 여행에서 코너스의 '농업 협동조합'을 방문하면서 겸사겸사 저를 만나러 올 예정이랍니다.

아저씨는 록 윌로우가 사회에서 완전히 떨어져 있는 것이 아님 을 알게 되시겠죠. 저는 아저씨가 자동차로 나타기를 기대했지만, 이제 그 기대에는 희망이 없다는 것을 알고 있어요. 아저씨가 제 졸업식에 오지 않았을 때, 저는 아저씨를 제 마음에서 떼어내고 영원히 묻어버렸어요.

문학사
주디 애벗 올림.

7월 24일

친애하는 키다리 아저씨께

일을 하는 것이 재미있지 않나요? 아니면 전혀 하지 않으시나
요? 특히 하는 일이 세상에서 가장 하고 싶은 일이라면 더욱 재
미있겠죠. 이번 여름에는 매일 제 펜이 닿는 만큼 빠르게 글을 써
내려가고 있어요. 제 인생에 있어서 유일한 불만은 하루라는 시
간이 아름답고 소중하며 재미있는 생각들을 쓸 만큼 충분히 길
지 않다는 거예요.

나는 내 책의 두 번째 초고를 수정 완료하였고 내일 아침 7시
30분에 세 번째 초고의 수정을 시작할 예정이에요. 그것은 아저
씨가 본 가장 사랑스러운 책이 될 거예요. 정말로요! 나는 다른
생각은 전혀 하지 않아요. 아침에 일어나 옷을 입고 식사하기도
전에 시작하고 싶어서 간절히 기다려요. 그러면 나는 쓰고 또 쓰
고 또 써요, 그러다가 갑자기 너무 피곤해져서 힘이 풀린답니다.
그러면 전 콜린(새로운 양치기 개)과 함께 들판을 나가 뛰어다니면
서 다음 날을 위한 새로운 아이디어를 찾아요. 그것은 아저씨가
본 가장 사랑스러운 책이 될 거예요. 오, 용서해 주시길 나는 그
말을 이미 했네요.

아저씨, 제가 너무 자만한다고 생각하지 않으시죠?

저는 원래 그렇지 않은데, 지금은 정말로 너무 열정적인 단계
라 들떠있거든요. 아마 나중에는 냉소적이고 비판적이며 깔보는

태도를 가질지도 모르죠. 아니요, 그렇지는 않을 거라고 확신해요! 이번에는 진정한 책을 썼으니까 아저씨는 그것을 볼 때까지 조금만 기다려 보세요.

잠깐 다른 주제에 대해 조금 이야기해 볼게요. 제가 아저씨에게 말씀드리지 않았던 것 같은데, 아마사이와 캐리가 지난 5월에 결혼했다는 사실을 알고 계신가요? 그들은 여전히 여기서 일하고 있지만, 제가 보기에는 둘 다 변했어요. 결혼하기 전에, 캐리는 아마사이가 진흙을 밟거나 바닥에 담뱃재를 떨어뜨릴 때 웃기만 했었는데, 이제는 ……. 캐리의 잔소리를 한번 들어보셔야 해요! 그리고 이제는 머리를 곱슬곱슬하게 올리지도 않아요. 아마사이는 예전에는 카펫을 털고 나무를 나르는 데 매우 협조적이었는데, 이제 그런 제안만 해도 불평을 해요. 그의 넥타이도 꽤 더러워졌고요. 예전에는 선홍색과 보라색이었지만 지금은 검은색과 갈색이에요. 저는 결혼하지 않기로 결심했어요. 분명히 결혼은 인간관계를 악화시키는 과정인 게 분명해요.

농장 소식은 별로 없어요. 동물들은 모두 건강하고요. 돼지들은 유난히 비만하고, 소들은 만족스러워 보이며, 암탉들은 알을 잘 낳고 있어요. 혹시 가금류에 관심이 있으신가요? 그렇다면, 《연간 200개의 알을 낳는 암탉》이라는 귀중한 책을 추천 드려요. 저는 내년 봄에 부화기를 사용하여 육계를 기를 생각이에요. 보시다시피 저는 록 윌로우 농장에 영구적으로 정착했어요. 앤서니 트롤럽의 어머니처럼 114편의 소설을 쓸 때까지 머무르기로 결정했어요. 그러면 저는 제 인생의 업적을 완성한 다음 은퇴하여 여행 다닐 수 있을 거예요.

제임스 맥브라이드 씨는 지난 일요일 저희와 함께 있었어요. 저녁으로 프라이드치킨과 아이스크림을 먹었는데, 아주 좋아하는 것 같아 보였어요. 그를 만나게 되어 매우 기뻤어요. 그는 세상이 여전히 존재한다는 사실을 순간적으로 상기시켜 주었어요. 불행히도 제임스는 그의 채권을 판매하는 데 어려움을 겪고 있는 것 같아요. 코너스에 있는 농업은행은 그들이 6%의 이자를 지급하고, 때로는 7%를 지급한다고 해도 그들과는 관계를 맺으려 하지 않는가 봐요. 저는 그가 결국 우스터로 돌아가 아버지의 공장에서 일을 하게 되지 않을까 싶네요. 그는 너무 솔직하고 믿을 수 있으며 마음씨가 고운 탓에 성공적인 금융업자가 되기에는 어려울 것 같아요. 하지만 잘 운영되고 있는 의류 공장의 관리자로서는 매우 그럴듯한 직책이라고 생각하지 않으세요? 지금은 그가 의류 공장 일에 코웃음치고 있지만, 결국 제 생각대로 될 것 같은데요.

손에 경련을 앓고 있는 작가의 긴 편지임을 감안하신다면 감사해 주시기를 바랄게요. 그러나 저는 여전히 아저씨를 사랑해요, 아저씨, 그리고 또한 매우 행복해요. 아름다운 경치와 풍성한 음식, 편안한 기둥이 4개인 침대, 그리고 언제라도 글을 쓸 수 있는 텅 빈 종이 한 묶음과 그리고 잉크 한 병이 있는 이곳에서는 세상에서 더 이상 무엇을 바랄 게 없네요.

언제나 아저씨의

주디 올림.

추신: 우편배달부가 조금 많은 소식을 가져왔어요. 우리는 다음 주 금요일에 저비 주인님이 일주일 동안 방문할 것이라고 하네요. 이는 매우 기분 좋은 소식이지만, 제 불쌍한 책이 피해를 입지 않을까 걱정이 되요. 저비 주인님은 매우 요구하는 게 많으시거든요.

8월 27일
키다리 아저씨께

아저씨가 지금 어디에 계신지 궁금해요.

저는 아저씨가 지금 세계의 어느 곳에 있는지 알지 못하지만, 이런 끔찍한 날씨 속에서 뉴욕에 있지 않기를 바랄게요. 아저씨가 산 정상(스위스가 아닌 가까운 어딘가)의 산봉우리에서 눈을 바라보며 저를 생각하고 있으면 좋겠어요. 제발 저를 생각해 주세요. 저는 무지 외로워서 누군가가 저를 생각해 주기를 바라요. 아저씨, 제가 아저씨를 잘 알았더라면 좋았을 텐데요! 그러면 우리가 힘들 때 서로를 격려할 수 있었을 테니까요.

록 윌로우 농장에서 더 이상 버틸 수 있을 것 같지 않네요. 다른 곳으로 옮기는 것을 고민하고 있어요. 샐리는 내년 겨울 보스턴에서 (대학생들이 사회봉사 활동을 위해 설립한) 빈민 구호소에서 일 할 예정이라네요. 샐리와 함께 가는 것이 좋지 않을까요? 그러면 우리는 함께 작업실을 마련할 수 있어요. 제가 글을 쓰는 동안 샐리는 빈민구호소 일을 하고, 저녁에는 함께 시간을 보낼 수 있어요. 록 윌로우 농장에서는 샘플 가족과 캐리, 아마사이 외에는 대화할 사람이 없어서 저녁은 매우 지루하거든요. 미리 말씀드리자면, 제가 작업실을 마련한다는 생각은 아저씨가 반대할 것이라는 것을 알아요. 지금 아저씨의 비서로부터 받은 편지를 읽을 수 있답니다.

제루샤 애벗 양에게,
존경하는 님,
스미스 씨는 당신이 록 윌로우 농장에 남아주시기를 바라십니다.

진심을 담아
엘머 H. 그릭스

저는 아저씨의 비서를 싫어해요. 엘머 H. 그릭스라는 이름의 남자가 지독할 것 같아요. 그러나 진실로, 아저씨, 저는 보스턴에 가야 할 것 같아요. 여기 더 이상 머물 수는 없어요. 곧 무슨 일이 일어나지 않으면, 절망감에 휩싸여 사일로 구덩이에 몸을 던질 것만 같아요.

아! 날씨가 정말 더워요. 모든 풀이 타 버리고 시냇물은 말랐으며 도로는 날씨에 눌려 먼지로 가득해요. 몇 주 동안 비가 내리지 않았다니까요.

이 편지는 제가 공수병(물을 무서워하는 병)에 걸린 것처럼 들리지만, 저는 그렇지 않아요. 저는 단지 가족이 필요할 뿐이에요.

안녕히 계세요, 사랑하는 아저씨.

아저씨를 알았더라면 좋았을
주디 올림.

록 윌로우 농장에서
9월 19일
아저씨께

어떤 일이 발생해서 아저씨의 조언이 필요해요. 저는 아저씨에게서만 조언을 받고 싶어요. 다른 누구에게도 받고 싶지 않아요. 제가 아저씨를 만날 수 있을까요? 글로 쓰는 것보다 대화하는 것이 훨씬 쉬울 거예요. 그리고 아저씨의 비서가 그 편지를 열어볼까봐 두려워요.

주디 올림.

추신: 저는 아주 불행해요.

록 윌로우 농장에서
10월 3일
키다리 아저씨께

오늘 아침에 아저씨의 손으로 직접 쓴 쪽지가 도착했어요. 다소 흔들리는 글씨체가 인상적이에요! 아저씨가 아프셨다는 소식을 들으니 매우 안타까워요. 알았다면 제 일로 아저씨에게 폐를 끼치지 않았을 텐데. 네, 그럼 제 문제에 대해 말씀드리겠지만, 글로 쓰기에는 다소 복잡하고 매우 사적인 내용이니까 이 편지는 읽고 난 다음에 보관하지 마시고, 바로 태워 주세요.

시작하기 전에, 편지에 1,000달러 수표를 같이 넣어드렸어요. 제가 수표를 아저씨에게 보내는 것이 좀 이상하지 않나요? 이 돈이 어디서 나왔을 것 같으세요?

아저씨, 제 원고가 판매되었어요. 그 이야기는 일곱 번에 걸쳐서 연재한 후, 책으로 출간될 예정이라네요! 아저씨는 제가 기뻐서 미쳐 날뛸 것이라고 생각할 수도 있겠지만, 전혀 그렇지 않아요. 저는 무덤덤해요. 물론, 저는 아저씨의 돈을 갚기 시작하게 되어 무척 기뻐요. 제가 아저씨께 2000달러 이상을 빚지고 있거든요. 조금씩 나누어서 드릴 거예요. 제발 부탁이니, 그것을 받는 것에 대해 나쁘게 생각하지 말아 주세요. 저는 돌려드릴 수 있다는 게 행복하거든요. 제가 아저씨에게 돈 이상의 많은 것을 빚지고 있으며, 나머지는 제 평생 감사와 애정으로 계속 갚아 나가도록 할게요.

아저씨, 이제 다른 것에 대해 말씀드리겠어요. 제가 좋아할지 아닐지 상관없이 가장 세속적인 조언을 해주시길 부탁드릴게요.

아저씨도 아시다시피, 저는 항상 아저씨에게 특별한 감정을 가지고 있어요. 아저씨는 제 가족 전체를 대표하는 존재였죠. 하지만 제가 다른 한 남성에게 훨씬 더 특별한 감정을 가지고 있다고 말씀드려도 괜찮으시겠어요? 아마도 그 남성이 누구인지 쉽게 짐작할 수 있으실 거예요. 제 편지가 오랫동안 저비 주인님에 관한 내용으로 가득 차 있었던 것 같다는 의심이 들거든요.

그가 어떤 사람인지, 그리고 우리가 얼마나 서로를 동반자로 여기는지를 이해하게 할 수 있다면 좋겠다고 생각해요. 우리는 모든 것에 대해 같은 생각을 가지고 있어요. 사실 저는 제 생각이 그의 생각에 맞추어지는 경향이 있는 것 같아요. 그러나 그는 거의 항상 옳아요. 알고 계시겠지만, 그는 저보다 14년 더 많은 경험을 가지고 있죠. 그러나 다른 면에서는 그는 단지 성장한 소년일 뿐이고, 돌봄이 필요해요. 그는 비 오는 날에 고무신을 신는 것에 대한 감각이 없어요. 그와 저는 항상 같은 것들이 웃기다고 생각하며, 이는 매우 중요해요. 만약 두 사람의 유머 감각이 상반된다면 정말 끔찍한 일이에요. 저는 그 틈을 메울 수 있는 방법이 없다고 믿거든요!

그는……아, 그건 그렇고! 그는 그저 그 자신일 뿐이며, 나는 그가 그리워지고, 또 그리워지고, 또 그리워져요. 온 세상이 비어 있는 것 같고 마음이 아파요. 나는 달빛이 아름다워서 싫어요. 그가 여기 함께하지 않기 때문에요. 하지만 어쩌면 아저씨가 누군가를 사랑한 적이 있다면, 아시겠어요? 만약 그렇다면, 저는 더 이상 설명할 필요가 없죠. 만약 그렇지 않다면, 저는 설명할 수 없어요.

어쨌든, 제가 느끼는 바는 이래요. 그리고 저는 그와 결혼하는 것을 거절했어요.

저는 그에게 왜 그런지 이유를 말하지는 않았는지, 그저 무식하고 불행했을 뿐이에요. 제가 할 말이 생각나지 않았거든요. 그리고 이제 그는 제가 지미 맥브라이드와 결혼하고 싶어 한다고 생각하며 떠나갔어요. 전혀 그렇지 않은데요. 지미와 결혼할 생각은 전혀 하지 않고 있어요. 그는 아직 철이 없어요. 하지만 저비 주인님과 저는 끔찍한 오해에 빠져 서로의 감정을 상하게 했어요. 제가 그를 떠나보낸 이유는 그를 아끼지 않아서가 아니라, 그를 너무나 아끼기 때문이었어요. 우리가 결혼한다면, 그가 미래에 후회할까봐 두려웠고, 그 사실을 견딜 수가 없었어요! 저처럼 배경이 없는 사람이 그의 가족과 결혼하는 것은 올바르지 않아 보였거든요. 저는 고아원에 대한 이야기를 한 적이 없고, 제가 누군지도 모르고 있다는 사실을 설명하는 것이 싫었어요. 저는 근본이 끔찍할 수도 있다는 것을 알고 있어요. 그리고 그의 가족은 자존심이 강한 편이고, 저 또한 자존심이 강하거든요!

또한, 저는 아저씨에게 어느 정도 의무감을 느꼈어요. 작가로 교육받은 이상, 최소한 작가가 되기 위해 노력해야 하며, 아저씨의 교육을 받아놓고 그것을 사용하지 않는 것은 공정하지 않을 것 같았거든. 하지만 이제 제가 그 돈을 갚을 수 있게 되었다는 생각이 들면서, 그 빚의 일부를 갚았다고 느끼고 있어요. 게다가 저는 결혼을 하더라도 작가로 계속 활동할 수 있다고 생각해요. 두 직업은 반드시 배타적이지 않으니까요.

나는 그것에 대해 매우 깊이 생각해왔어요. 물론 그는 사회주의자이며, 그는 비전통적인 생각을 가지고 있어요. 아마도 그는 일부 남자들이 그럴 수 있는 것처럼 프롤레타리아 계층과 결혼하는 것에 대해 그리 개의치 않을지도 모르죠. 두 사람이 서로 완벽하게 조화를 이루고, 함께 있을 때 항상 행복하고 떨어져 있을 때 외롭다면, 그들 사이에 어떤 것도 가로막지 않도록 해야 해요. 물론 나는 그렇게 믿고 싶어요! 그러나 나는 아저씨의 감정이 배제된 의견을 듣고 싶어요. 아저씨는 아마도 가문에 속해 계실 것이고, 공감하는 인간의 관점뿐만 아니라 세속적인 관점에서도 바라볼 수 있을 것이므로, 제가 이 문제를 아저씨 앞에 놓는 것이 얼마나 용기 있는 일인지를 잘 아실 거예요.

제가 그에게 가서 문제가 지미가 아니라 존 그리어 고아원이라는 것을 설명한다면, 그것이 저에게 끔찍한 일이 될까요? 그렇게 하려면 많은 용기가 필요할 것 같아요. 오히려 평생 동안 불행하게 지내는 것이 더 낫겠다고 생각해요.

이 일은 거의 두 달 전에 일어났어요. 그가 여기 있었을 때 이후로는 나는 그의 소식을 듣지 못했어요. 난 이미 상처받은 마음에 익숙해져 가고 있었는데, 줄리아에게서 온 편지가 다시 나의 마음을 흔들었어요. 줄리아는 매우 태연하게 '저브스 삼촌'이 캐나다에서 사냥 중 폭풍을 맞아 밤새 나갔고 그 이후로 폐렴으로 아팠다고 말했어요. 나는 그 사실을 몰랐어요. 그가 아무런 말없이 공허 속으로 사라져서 마음이 아팠거든요. 나는 그가 아주 힘들 거라고 생각하고, 나 역시 힘들다는 걸 알고 있어요!

제가 어떻게 하는 게 올바른 행동이라고 생각하세요?

주디 올림.

10월 6일
친애하는 키다리 아저씨께

네, 물론 가야죠. 다음 주 수요일 오후 4시 30분에 갈 거예요. 길 찾는 것은 물론 가능해요. 저는 뉴욕에 세 번 가본 적이 있으며, 이제는 전혀 아기가 아니거든요. 아저씨를 정말로 만날 수 있게 되다니 믿어지지 않아요. 아저씨에 대해 오랫동안 생각해왔기에, 아저씨가 실제로 존재하는 사람이라는 것이 조금도 실감 나지 않거든요.

아저씨, 건강이 좋지 않으실 텐데 저에게 신경을 써주셔서 정말 감사해요. 몸조심하시고 감기에 안 걸리시길 바랄게요. 이런 가을비는 매우 습하거든요.

애정을 담아
주디 올림.

추신: 날씨가 좋지 않은 생각을 하게 만드네요. 집에 집사는 있죠? 저는 집사에게 두려움을 느끼고 있어서, 만약 누군가가 문을 열면 저는 그 자리에서 기절할 것 같아요. 그에게 뭐라고 말씀드려야 할까요? 아저씨의 이름을 말씀해 주지 않으셨어요. 스미스 씨를 찾는다고 해도 될까요?

목요일 아침

나의 가장 사랑하는 저비 주인님, 키다리 아저씨,

펜들턴 스미스씨께

어젯밤에는 잘 주무셨어요? 저는 그렇지 못했어요. 한 순간도 눈을 감지 못했거든요. 너무 놀랍고 신나고 혼란스럽고 행복했어요. 다시는 잠을 자지 못하고 식사도 할 수 없을 것 같은 기분이거든요. 하지만 아저씨는 잘 주무셨기를 바라요. 아저씨는 꼭 주무셔야 해요, 그래야 더 빨리 회복되어서 저에게 올 수 있으니까요.

사랑하는 당신, 제가 당신이 얼마나 아팠는지 생각조차 할 수가 없었어요. 그동안 전혀 몰랐거든요. 어제 의사가 저를 택시에 태우기 위해 내려왔을 때, 그는 3일 동안 당신을 포기했었다고 말했어요. 오, 사랑하는 이여, 만약 그런 일이 일어났다면, 제게 세상의 빛이 꺼졌을 것이에요. 언젠가, 아주 먼 미래에 우리 중 한 사람이 다른 사람을 떠나야 할 날이 올 것이라 생각했어요. 그러나 적어도 우리는 행복을 누렸고 함께 기억할 추억들이 있어요.

나는 당신을 격려하려고 했는데, 대신 나 자신을 격려해야 할 것 같아요. 내가 꿈꿔 왔던 것보다 더 행복함에도 불구하고, 나는 또한 더 냉정하기 때문이죠. 당신에게 무슨 일이 일어날지도 모른다는 두려움이 내 마음에 그림자처럼 드리워져 있어요. 항상 나는 경솔하고 근심 걱정이 없고 무심할 수 있었는데, 그것은 잃을 소중한 것이 없었기 때문이거든요. 그러나 지금, 나는 남은 생애 동안 크나 큰 걱정을 안고 살아야 할 것 같아요. 당신이 내게서 멀어질 때마다, 나는 당신을 치고 지나갈 수 있는 모든 자동차들, 당신의 머리 위로 떨어질 수 있는 간판들, 또는 당신이 삼킬 수 있는 끔찍하고 꿈틀거리는 세균들을 생각할 거예요. 내 마음의 평화는 영원히 사라졌지만, 어쨌든, 나는 평범한 평화에 대해 별로 신경 쓰지 않아요.

부디 빨리 나아지세요. 빨리, 빨리, 빨리. 나는 당신이 곁에 있어 내가 당신을 만질 수 있고 당신의 존재를 확인할 수 있기를 바랄게요. 우리가 함께 했던 그 짧은 30분이 너무 아쉬워요! 내가 그걸 꿈꾸었던 건 아닐까 걱정이에요. 만약 내가 당신의 가족의 일원(아주 먼 사촌)이라면 매일 당신을 찾고, 큰 소리로 책을 읽어주고, 당신의 베개를 부풀릴 수 있고, 당신의 이마의 작은 주름들을 펴주고, 당신의 입가를 예쁘고 기분 좋은 미소로 바꿔줄 수 있을 텐데요. 그래서 당신은 다시 기분이 좋아졌죠? 어제 내가 떠나기 전에는 좋아보였잖아요. 의사가 내가 좋은 간호사가 되어야 한다고 했어요. 당신이 10년은 더 젊어 보인다고 하셨어요. 사랑에 빠진다고 해서 모두가 10년 더 젊어지는 건 아니겠지요. 그렇다면 내가 겨우 11살이 되는데요, 그래도 여전히 나를 사랑해주실 거죠?

어제는 제게 일어날 수 있는 가장 멋진 날이었어요. 제가 99세까지 살더라도 어제의 가장 사소한 일까지도 잊지 못할 거예요. 새벽에 록 윌로우 농장을 떠난 여자아이는 밤에 돌아왔을 때는 완전히 다른 사람이 되었어요. 샘플 부인께서 4시 30분에 저에게 전화를 하셨어요. 저는 어둠 속에서 깜짝 놀라 일어났고, 제 머릿속에 떠오른 첫 번째 생각은 "나는 키다리 아저씨를 보러 간다!"였거든요. 저는 주방에서 촛불을 켜고 아침을 먹고, 그 후 가장 찬란한 10월의 새벽길을 달려서 기차역까지 8킬로미터를 운전했어요. 가는 길에 해가 떠올랐고, 늪의 담쟁이 단풍나무와 개나리가 선홍색과 오렌지색으로 빛났으며, 돌담과 옥수수밭은 서리가 내려 반짝였어요. 공기는 차갑고 맑았으며 저는 기대감으로 가득 차 있었어요. 무언가 일어날 것 같다는 것을 알고 있었어요. 기차 안에서 내내 철로가 "너는 키다리 아저씨를 보러 간다."라고 노래하고 있었어요. 그것은 저에게 안정감을 느끼게 해주었어요. 저는 아저씨가 모든 것을 올바르게 정리할 수 있다는 데 큰 신뢰가 갔어요. 그리고 나는 어딘가에 아저씨보다 더 사랑하는 다른 남자가 나를 보고 싶어 한다는 것을 알게 되었고, 어떻게든 그 여행이 끝나기 전에 그를 만나게 될 것이라는 예감이 들었어요. 보시다시피!

　제가 매디슨 거리에 있는 집에 도착했을 때, 그 집은 너무 크고 갈색이며 무섭게 보여서 감히 들어갈 용기가 나지 않았어요. 그래서 저는 용기가 날 때까지 집 주변을 돌아 다녔어요. 그렇지만 전혀 두려워할 필요가 없었어요. 아저씨의 집사는 그렇게나 친절하고 아버지 같은 노인이셔서 즉시 편안함을 느끼게 해주셨죠. 집사가 "애벗 양인가요?"라고 묻자, 저는 "네."라고 대답했어요. 그래서 결국 스미스 씨를 따로 찾을 필요가 없었답니다. 집사는 저에게 응접실에서 기다리라고 했어요. 그 곳은 매우 음침하고 웅장한, 남자다운 방이었어요. 저는 큰 소파 의자 가장자리에 앉아 계속해서 스스로에게 이렇게 말했어요.

"너는 키다리 아저씨를 보게 될 거야! 너는 키다리 아저씨를 보게 될 거야!"

그때 집사가 다시 돌아와서 도서관으로 올라가 주기를 부탁했어요. 저는 너무 기뻐서 발이 잘 움직이지 않을 정도였어요. 집사는 문 밖에서 돌아서서 속삭였어요. "그분이 매우 아팠습니다, 아가씨. 오늘이 그가 앉아 있을 수 있는 첫날입니다. 아가씨는 그분을 흥분시키지 않도록 오래 머무르지는 말아주세요." 집사가 이렇게 말하는 것으로 보아 저는 집사가 당신을 사랑한다는 것을 알았어요. 그는 매우 사랑스러운 분이라고 생각해요!

그때 집사는 문을 두드리며 "애벗 양"이라고 말했고, 저는 들어갔으며 문이 뒤에서 닫히는 소리가 들렸어요.

밝게 빛나는 홀에서 들어올 때 안이 너무 어두워서 잠시 동안은 아무것도 알아보기 힘들었어요. 그 후에 저는 불 앞에 놓인 커다란 안락의자와 그 옆에 작은 의자가 놓인 반짝이는 다과상을 보았어요. 그리고 커다란 의자에 베개에 기대어 담요를 무릎에 덮고 앉아 있는 남자가 있다는 것을 깨달았죠. 제가 그를 말리기도 전에 그는 일어섰어요. 약간 비틀거리며 의자 뒤를 잡고 저를 바라보았고, 아무 말도 없이 그냥 저를 지켜보았어요. 그리고 그때, 그때 보니 당신이었어요! 하지만 그럼에도 불구하고 저는 이해하지 못했어요. 저는 아저씨가 당신을 저를 놀라게 하려고 오게 한 것이라고 생각했거든요.

그때 당신은 웃으며 손을 내밀고 이렇게 말했어요. "사랑스러운 작은 주디, 내가 키다리 아저씨인 줄 정말 몰랐어?"

순식간에 생각이 스쳐지나갔어요. 아, 제가 얼마나 멍청했는지! 만약 제가 조금만 똑똑했더라면 백 가지의 작은 일들이 저에게 알려주었을 거예요. 저는 정말 좋은 탐정이 되지는 못할 것 같아요, 아저씨? 저비? 무엇이라고 부르면 좋을까요? '그냥 저비'라고 부르는 것은 예의에 어긋나는 것 같고, 저는 당신에게 무례할 수 없으니까요!

당신의 의사가 오셔서 저를 내보내기 전의 30분은 매우 달콤한 30분이었어요. 저는 역에 도착했을 때 너무 혼란스러워서 세인트루이스 행 기차를 탈 뻔했어요. 당신도 꽤 혼란스러웠던 것 같아요. 저에게 차를 주는 것도 잊으셨으니까요. 하지만 우리는 둘 다 매우 매우 행복하죠, 그렇죠? 어두운 밤에 록 윌로우 농장으로 돌아갔지만, 아, 별들은 얼마나 빛나고 있었는지! 그리고 오늘 아침, 저는 콜린과 함께 당신과 제가 함께 갔던 모든 곳을 방문하고, 당신이 말씀하신 것과 당신의 모습을 떠올리면서 시간을 보냈어요. 오늘 숲은 다이아몬드처럼 빛나고, 공기는 서리로 가득차 있어요. 등산하기 좋은 날씨에요. 당신이 여기 있어 저와 함께 언덕을 오를 수 있다면 좋겠네요. 사랑하는 저비, 당신이 너무 그

럽지만, 행복한 그리움이에요. 우리는 곧 다시 만날 테니까요. 우리는 이제 진정으로 서로를 구속함을 느껴요, 가식이 아니에요. 마침내 누군가에게 구속되는 것이 이상하게 느껴지지 않나요? 정말 정말 달콤하게 느껴져요.

　나는 한 순간도 당신이 미안하게 만들지 않겠어요.

당신의 영원한

주디 올림.

　추신: 이것이 내가 처음으로 쓴 연애편지에요. 제가 연애편지를 쓸 수 있다는 것이 재미있지 않나요?

작가 연보

1876년 7월 24일 뉴욕 주 프레도니아에서 출생했다.

1897년 바사 칼리지(Vassar College)에 입학했다.

1899년 학부 재학 중 소설가의 길을 걷기 시작했다.

1901년 바사 칼리지(Vassar College)에서 경제학과 영어영문학을 전공하여 학사 학위를 취득하였다.

1903년 『패티의 대학 시절(When Patty Went to College)』을 발표했다.

1912년 『키다리 아저씨(Daddy-Long-Legs)』를 발표했다.

1915년 오빠의 친구 글렌 포드 매킨리와 결혼했다.
주디 애벗의 친구 샐리 맥브라이드가 펜들턴 부부의 추천으로 주디가 자란 존 그리어고아원의 원장으로 부임하는 이야기를 다룬 키다리아저씨의 후속작인 『친애하는 적에게(Dear enemy)』를 발표했다.

1916년 6월 10일 딸을 출산했다.

1916년 6월 11일 노산에 해당하는 40세의 늦은 나이의 출산으로 산욕열에 시달려서 하루 동안 사경을 헤매다 사망했다.

키다리 아저씨

초판 1쇄 인쇄 2025년 6월 5일
초판 1쇄 발행 2025년 6월 13일

지은이 진 웹스터
옮긴이 박영민
펴낸이 이효원
편집인 김성규
마케팅 추미경
디자인 기린
펴낸곳 올리버
출판등록 제395-2022-000125호
주소 경기도 고양시 덕양구 삼송로 222, 101동 305호(삼송동, 현대혜리엇)
전화 070-8279-7311　　　　**팩스** 02-6008-0834
전자우편 tcbook@naver.com

ISBN 979-11-94381-40-2 04080
　　　979-11-89550-89-9 (세트)

* 값은 뒤표지에 있습니다.
* 잘못된 책은 구입하신 서점에서 바꾸어 드립니다.

* 도서출판 올리버는 탐나는책의 교양서 브랜드입니다.

올리버 세계교양전집 목록